從心態、行為到習慣，
創造財富的69堂關鍵常識養成課

心態致富

THE
SECRET *of*
WEALTH

BY FRANKLYN HOBBS

富蘭克林‧霍布斯————著

葉紅婷————譯

企畫叢書 FP2211X

心態致富

從心態、行為到習慣，創造財富的69堂關鍵常識養成課
（本書初版書名為《財富的祕密：帶給億萬人幸福生活的法則》）

作　　　者	富蘭克林・霍布斯	
譯　　　者	葉紅婷	
編 輯 總 監	劉麗真	
主　　　編	陳逸瑛、顧立平	
編　　　輯	林詠心（一版）、謝至平（二版）	

發 行 人	涂玉雲
出　　版	臉譜出版
	城邦文化事業股份有限公司
	台北市中山區民生東路二段141號5樓
	電話：886-2-25007696　傳真：886-2-25001952
發　　行	英屬蓋曼群島商家庭傳媒股份有限公司城邦分公司
	台北市中山區民生東路二段141號11樓
	客服服務專線：886-2-25007718；25007719
	24小時傳真專線：886-2-25001990；25001991
	服務時間：週一至週五上午09:30-12:00；下午13:30-17:00
	劃撥帳號：19863813　戶名：書虫股份有限公司
	讀者服務信箱：service@readingclub.com.tw
香港發行所	城邦（香港）出版集團有限公司
	香港灣仔駱克道193號東超商業中心1樓
	電話：852-852-25086231　傳真：852-25789337
馬新發行所	城邦（馬新）出版集團【Cite (M) Sdn. Bhd. (458372U)】
	41-3, Jalan Radin Anum, Bandar Baru Sri Petaling,
	57000 Kuala Lumpur, Malaysia.
	電話：+6(03)-90563833　傳真：+6(03)-90576622
	電子信箱：services@cite.my
一 版 一 刷	2010年7月
二 版 一 刷	2020年4月

城邦讀書花園
www.cite.com.tw

ISBN 978-986-235-823-8

目次

序

「通往財富的道路就像通往市集的道路一樣平坦——
這取決於兩個詞：勤勉和節儉，也就是既不要浪費時
間，也不要浪費金錢，而是最大限度地利用這兩樣東
西。沒有勤勉和節儉，你將一事無成；擁有了它們，
你就能擁有一切。」

——富蘭克林（Franklin）

正如一個人會為了衣著品味或一閃而過的興致而選擇
外套，他也會這樣選擇自己的命運。做選擇的人要為自己
的選擇負責任，畢竟最終的結果取決於做選擇的人。每個
活著的人都要做選擇，而且每時每刻他的選擇都會愈來愈
深入至日常生活中。

財富是一種心態，或者更準確地說，財富是由心態創
造的。很少有人能一舉成功，立刻變得富有或獲得大量財
富。大多數富有的人都是漸漸地積累財富，而這些辛勤工
作的男男女女有時幾乎沒有注意到個人財富的積累和增
長。

獲取金錢和財產的過程一旦開始，就會變得簡單而容

易。一個人能否變得富有，取決於和他部分日常生活息息相關的一些習慣。一旦他走上了通往財富的大道，就算他人要阻止其財富的增長，不敢說完全不可能，但至少也會相當困難。

「如果你依照本性的需求來生活，你將永遠不會貧窮；如果你依照他人的想法來生活，你將永遠不會富有。如果我們不依據理智之光，而追隨他人設定的方式來生活，對我們將尤其有害！」

這些哲思出自古羅馬哲學家盧修斯・安內烏斯・塞內卡（Lucius Annaeus Seneca）之口，他出生在西元前的羅馬。從中我們很容易看出：無論是在他生活的年代，還是在我們生活的年代，人們生活貧窮的原因都是相同的；要想生活得幸福美好，並逐漸積累財富的原則也是相同的，從西元前到現在絲毫沒有改變。

再也沒有什麼比陷入貧窮更讓個人和社會忌憚的了。貧窮，會讓善良的人瘋狂到犯罪，並讓瘋狂的人走向毀滅。然而，貧窮並非正常的狀態，任何一個擁有健康和進取意志的人都可能非常輕易地擺脫貧窮。大約西元前四二五年，古希臘歷史學家修昔底德（Thucydides）就曾說過：「對任何人來說，公開承認自己貧窮並不可恥；不做

任何努力以擺脫貧窮，才是真正的可恥！」

　　在近兩千兩百年之後，英國作家奧利佛‧高德史密斯（Oliver Goldsmith）也說過：「貧窮且安於貧窮者，必然永不發跡。」

　　可見，在兩千多年的歷史中，人們都認為：一個貧窮的人如果毫不在意眾人知道他的貧窮，並且很少或完全不做任何努力脫離貧窮，那麼，這個人要為自己的不幸境地負大部分的責任。

　　一定不能將「貧窮」和「赤貧」混為一談。「赤貧」是指一個人因為災難、疾病或多種因素淪為依靠救濟度日的人，而且沒有任何退路。這樣的貧民應該得到我們的同情和幫助。

　　至於「貧窮」，是指那些花的錢比賺的錢還多的人，或至少把賺取的全都花光。法國作家布呂耶爾（Bruyere）因此總結說：「一個人的開銷超過收入就會淪為貧窮。」如果這種情形存在的時間很長，那麼這個人就可能淪為靠救濟度日的人。可見從貧窮到赤貧的距離並不遠，僅有一步之遙。

　　雖然我們在不同的道路上朝著選定的人生目標前進，但財富、悠閒、舒適乃至滿足，都是每個人能夠達到的境地。我們之中有些人的道路位於高山之上，如果實力足夠，就可能從一個頂峰躍到另一個成功的頂峰。但是大部

分的人，也就是黎民百姓，都在平地上前行，要通往成功，就必須一步一步、一哩一哩、一天一天、一年一年，腳踏實地穩步前行。

在每個人的生活中，都會遇到深谷、溝壑和湍流。草率魯莽的人與之不期而遇時就會企圖縱身一躍，在倉促之間做出錯誤的估計，最終陷於困境。而有判斷力的人，則會估算裂口的大小，小心翼翼地在上面架一座橋樑，然後安然無恙地跨越過去。

首先，我們為了生活而活著。今天的我們，沒有誰不夢想著有朝一日能實現自己心中的夙願。除非我們現在就開始努力，制定計畫，並且為之付出，否則夢想將一直止於夢想。

如果你很富有，在本書中一定有一些話能告訴你如何利用那些財富做更多的事情，讓你能更加恣意地享受上天賦予的財富。

如果你正在通往財富的道路上，本書中的一些話應該對你有用，它能讓你的道路更加平坦並且稍短一些。如果你還很貧窮，通往財富的大道就展現在你面前，而且將是一條康莊大道：閱讀——思考——計畫——最終變得富有。並不是每個人都能夠成為富人，但是你和我可以做到。

貧窮往往源自於「懶惰、放縱、浪費和愚蠢」。

第1講
金錢不等於財富

「金錢無所不能：它可以給予什麼，也可以帶走什麼。它造就誠實的人，也造就奸詐的人；它塑造傻瓜，也塑造哲學家。諸如此類，不勝枚舉。」

—— L'estrange

金錢就是財富嗎？正在努力積攢小筆財產的人數多得令人難以置信。與此同時，他們生活美好、穿著體面，他們和家人隨處都能享用令生活更加舒適方便的必需品，還可以接受高等教育。

但金錢並不等於財富。

除非你以「活著時，要盡情享受生活中美好的事物」這種態度用錢，否則，賺取成千上萬的金錢也沒有任何意義。生活中最美好的事情莫過於在活著的時候，感覺舒適，擁有自由。這就意味著要擺脫金錢的桎梏。

「發財容易，守財難。」

如今，賺錢相對容易。反倒是在決定如何花錢的時候，最需要智慧和經商頭腦。該把錢花在虛無縹緲的東西

上？還是用來購買維持日常生活的必需品？或是把這筆錢用於投資？

「一個人的資本就是：扣除掉飲食、衣著以及一切生活『雜費』，包括從火車票到牙刷等之後所剩餘的。」每天都有各種選擇擺在我們每個人面前，現在這裡有一筆錢，是用它來買夢寐以求的奢侈品呢？還是應該進行更多的投資？

我們無法兩者兼顧。

窮人和富人之間的差別就在於他們花錢購買的東西不同：富人購買的是財富和地位，窮人購買的是沒有價值的廢物。

一位想成為富人卻沒有進取心的人可能會提出一種錯誤的論調：「百萬富翁都不會老老實實地恪守本分吧？」成功的金融家則會駁斥：「凡是說出這種話的人，都不夠勤勉，或缺乏勇氣，或不夠誠實，或缺乏才能。」

偉大的哲學家蘇格拉底（Socrates）曾經問道：「為什麼有些人生活富裕，還有一些結餘，另一些人卻幾乎連生活必需品都買不起，同時還負債累累呢？」伊索瑪鳩斯（Isomachus）回答道：「因為前者致力於他們的事業，而後者則疏於照料。」

「年輕人不應聽信任何話，除了這句：『你有自己的路要走，會不會餓死將取決於你自己的努力。』」

將以上這些話濃縮成一句警語即是：那些「把人生看作終會枯竭的高腳杯，而不是正待斟滿佳釀的容器」的人，終將成為窮人。

第2講
勤儉造就文明

「勤儉造就文明，而勤儉又始於文明。」

人類的歷史有多長呢？

科學家告訴我們：早在五百萬年前，地球上就有人類的蹤跡了。

整個地球表面上最古老的建築是位於埃及北部的薩卡拉（Sakkara）金字塔，大約在四千五百年以前建成。想想看吧！一處有著四千年歷史的建築！在基督教聖經故事中猶太人的始祖亞伯拉罕（Abraham）出生時就存在的建築！

在最近幾年挖掘出的一個密封的墳墓中，竟然發現了三千八百年前的人類足跡。

當原始人學會儲存物品——屯積食物、儲藏燃料、將動物的皮毛保存起來製作衣服、將當時做為貨幣使用的貝殼貯藏起來的時候，穴居在山洞裡的原始人就開始變成了會建造房屋的文明人。尚未領會這種觀念之前，人類也只不過是一般動物，甚至不如蜜蜂或松鼠聰明，因為牠們還

知道為接下來的幾天準備食物。

對原始人來說，沒有明天。

他們吃在沙灘上撿到的貝類生物。

他們向動物投擲石塊來捕殺獵物。

他們吃夠了當下想吃的食物，就將剩餘的部分扔掉。

但是，當原始人學會製造石製箭頭，他們就開始儲存工具，並在死後把這些工具傳給子孫。尚未開化的父母則開始累積動物的皮毛和武器，並將其遺留給孩子。每一代人都將他們在藝術、耕種、造船或織布中的收穫傳給下一代人，並以知識或發現的形式被一代一代傳承下來。

我們繼承了數以百萬計的祖先們所累積下來的知識。在過去的千萬年間，這些先人們由生到死，最終化為塵埃。我們今天所看到的世界，是先輩們艱苦勞動的成果。

節儉並不是人類的自然本能，它是痛苦經歷造成的結果。我們可能沒有親身經歷過這些痛苦，但那些先於我們活著並已死去的前人們曾經感受過，並在我們身上留下青灰色的印記，要我們銘記大自然不可變的法則：浪費的人將會受到懲罰！

今日的人類將其勞動成果和思想成果以兩種方式保留下來——賺來的錢存進銀行；學得的知識和經驗灌輸給成長中的年輕後代。

個人的節儉決定一個國家的強盛或衰落。「因此，每

一個節儉的人都應被看作社會功臣，每一個奢靡的人則應
被看作社會公敵。」

「所謂的資本家，只是一個不會完全花掉其勞動所得
的人。」

第3講

經濟之道

「浪費比失去還糟糕。

當每個聲稱自己擁有才能的人都總是重視『浪費』的問題時，他們將擁有無限的勤儉力。」

—— 愛迪生（Edison）

在英語中，最容易被人誤解的詞語可能是「經濟」這個字眼了。幾乎所有人都會告訴你：「經濟之道」就是把你的錢存起來不花掉，但這根本就不是「經濟之道」。因為，如果你不花錢買食物，你就會餓死；如果你沒有足夠的衣服裹身，你就會凍死；如果你不為自己提供安身之所，你就會曝屍街頭或身染疾患。顯然「經濟之道」一定是「把你的錢存起來不花掉」之外的某些事。

有人說，美國人是因為其鋪張而變得富有。從廣義上說，確實如此。美國人變得富有是因為他們敢於花錢，而且其花錢的過程在別人看來顯得非常鋪張。實際上，他們往往一點兒都不鋪張，他們花自己的錢，花得非常明智，並在這個過程中變得愈來愈富有。吝嗇是走向失敗和貧乏

的必然之路。一個由吝嗇之人組成的國家，是一個衰落的國家，而且很快就將走向毀滅。

有一句古老的英語俗語：「小錢精明，大錢糊塗。」這聽起來有些滑稽，其實一點也不，甚至是一句至理名言。許多人花費大把時間守住一分錢，卻沒有察覺到一塊錢正從門邊悄然無息地滾走。我們可以想像有多少這樣的人呢？他們一生捨不得花一分錢，寧做守財奴，最後卻死於貧窮。

真正的「經濟之道」，不僅要明智地掌握自己的金錢，還要明智地利用我們的物品。在買回一件物品後，好好地愛護這件東西，這也是「經濟之道」。在許多家庭裡，食物被浪費、家具被損壞、胡亂糟蹋衣服、對房子進行不必要的修葺、剛剛裝飾過的牆壁被弄髒或損壞、鋼琴被疏忽而蒙塵、留聲機任由孩子們玩耍、廚房裡的炊具被燒壞、盤碟碗勺不是被打碎就是出現裂縫、不穿的衣服不用衣架掛起來而是胡亂搭在木釘上、多餘的被褥床墊亂七八糟地堆放在櫥櫃的角落、園藝工具上的泥巴結成硬塊、新買的汽車從不沖洗任其生鏽等——這些情況都與「經濟之道」背道而馳。它們代表了嚴重的浪費，然而在美國，這些現象司空見慣，而非異常情況。

相較其他國家的人均收入，美國人要富有一些，主要因為美國擁有豐富的自然資源，近乎取之不盡、用之不

竭。要是把美國人放在任何一個亞洲國家，或是在幾乎任何一個歐洲國家，半數的美國人都會餓死。不論是身為一個民族，還是身為一個個的獨立個體，我們或許比別人富有一些，但是如果我們能夠更加理智地愛惜我們擁有的物品，以更精明的方式花錢，我們可以變得更富有。

我們應該試圖去發掘富人們的發財之道，而不是學著去仇視他們。只有極少數的人是透過繼承遺產而變得富有；也只有極少數的人是出於好運而得到鉅財；另外還有極少數的人是因為具有睿智的商業頭腦而獲得財富。然而在美國，富翁們的排名和資料——以及富人的數量——卻是如此龐大。他們之中的大多數人都是藉由理智地花錢和愛惜其擁有的物品，來累積其財產。

財富的祕密在於買東西要「一勞永逸」。購物時，盡量買經久耐用且品質好的東西，即使它的價格比那些看似差不多卻容易損壞的次級品要來得高。真正的「經濟之道」在於：蓋一棟能夠住上幾代子孫的房子、選購能夠用上一輩子的家具、挑選材質好到足以穿著不只一個季節的衣物、選擇即使我們的孫子長大後還能使用的地毯。買了這些品質良好的東西之後，還要好好愛惜它們才是「經濟之道」。

如果你家裡有一件歷史比較悠久的物品，你一定會因為擁有它而倍感驕傲。如果你擁有某件非常樂意展示給朋

友們看的東西，那是因為你從兒時就擁有了它，或者那樣東西是自你的祖母傳下來的。

如果我們向可信賴的商家買東西；如果我們買的是他們最好的商品；如果我們壓根兒就不購物，直到我們買得起最好的商品時才買；如果我們好好愛惜所有買下來的東西；如果我們能夠既不浪費金錢也不浪費物品，我們就會變得富有，而且攔都攔不住。

口袋裡的錢大都是用來花的，銀行裡的錢才是財富的開始。

第4講
工作的回報

「機會遲早會降臨在那些努力工作和衷心祈願的人身上。」

—— 史丹利（Lord Stanley）

對於那些為了賺錢而努力工作的人們來說，呈現在他們面前的最好機會也許就在當下。工作，並在工作上表現得好，是人生的主要樂趣。

在工廠裡做工或在田地裡勞動的人，沒有一個比棒球或足球運動員更努力。在掄起斧頭劈柴時，沒有人比高爾夫球員揮杆擊球時使用更多的肌肉。工作——真正的工作——是最大的樂趣；大多數的工作能夠創造樂趣——真正的樂趣。

真正勤勉的男人或女人很少感到不開心，因為「勤勞能夠讓人身體健康、頭腦清醒、心靈充實，並且錢包滿滿」。肌肉疲勞能產生良好的睡眠，無論你的肌肉是因為打棒球、高爾夫球，還是敲打錘子或手握鋤頭而感到勞累。不懂得如何工作的人也不懂得如何娛樂，對於這種人

來說，生活中沒有樂趣可言。

對每個人來說，要想過得快樂並獲得完全的獨立，首先要做的必要之事就是找到人生中最適合的職業。「當你做某件事比其他任何人都好時，你就獲得了一項本領；如果你能夠輕鬆而愉快地做好這件事，那它就是你的天職。」在英國郵輪「盧西塔尼亞號（Lusitania）」沉船事件中死去的一位偉人，他最喜歡一句名言：「找到自己事業的人是受到上天庇佑的人。」

大多數人都知道，如果我們沒有為這個世界履行自己應盡的工作職責，就不可能在這個世界上獲得並保有一席之地。工作會給我們帶來回報：健康、快樂、財富，以及吃穿不愁的晚年生活。

美國的救濟院裡充斥著那種認為有人會來照顧他們，並且堅持認為整個世界欠他們一條生路的人。或許真是如此，而他們也得到了生路，但那絕不是你我想要的生活方式。

今天，人們能從工作得到的回報比以前任何時候都要多，那些有能力比其他人做更多工作，且能生產更多的人，終會成功，而且是極大的成功。

工作效率高的人，工作時間短但單位小時的報酬高。你的需求、我的需求、整個世界的需求都應該得到滿足，因此每個人都應盡自己最大的努力工作，並且激勵自己的同事和朋友也盡他們最大的努力工作；如此一來，我們所

有人最終都會獲得更多的錢財，擁有更多的休閒時間，享有更多的幸福。

約翰·拉斯金（John Ruskin）曾說：「任何一個國家的繁榮昌盛與這個國家在追求和實現人生的財富上所付出的勞動量成正比。」整個民族的繁榮昌盛源自整個民族所有人的信心。

大主教霍姆（Home）曾經說過：「榮華富貴對於其擁有者所產生的影響，往往就像風平浪靜之於一位荷蘭水手一樣。據說，在風平浪靜的情形下，荷蘭水手常常會將方向舵繫在一起，喝得爛醉如泥，然後倒頭呼呼大睡。」依目前的情形看來，一些人一直以來都扮演著荷蘭水手的角色，有了榮華富貴就紙醉金迷，將他們的方向舵繫在一起，然後倒頭呼呼大睡，全然忘記在生活的大海上可能還有其他人正在漫無目的地漂流，沒有方向舵的他們，正需要別人的援助呢。

「要為別人的富有而欣喜，就是與之分享。」

——奧斯汀（W.Austin）

「優秀的工作表現不是憑藉力量，而是憑藉堅忍不拔的意志。」

——強森（Johnson）

第5講
財富的祕密之一：節儉

「人生中最高級的樂趣在於節制。」

——塔柏（Tupper）

　　無論是穿著最氣派考究的男士，還是打扮得最雍容華貴的女士，他們的著裝都必須符合一定程度的習俗。無論是最富麗堂皇的房子，還是最美觀大方的汽車，向來都不是奇形怪狀的樣子。那些漂亮同時兼具實用性的東西，要想有完美無缺的個性，就必須在設計和顏色方面受到一定的限制，不能過於怪異。

　　怪異荒誕的想法、天馬行空的想像力、滑稽可笑的一時風尚，每年都會耗費美國人數億萬的美元。

　　試圖在我們擁有的東西上凸顯個性，或者勾勒出自己的性格特徵，並不值得嚮往，反倒是消除古怪的形狀和怪誕的風格才富有魅力。

　　我們渴望自己的房屋和汽車、所購買的衣服、所佩戴的飾品具備簡潔和優美的外形。它們讓我們花費較少，卻能帶來更多樂趣。同時，它們都很經久耐用，而且比那些

在最近一段時間裡備受人們青睞的豔麗俗氣、華而不實的劣等品維持更長的時間。簡單大方的外形通常是最優美的；上乘的品質往往能夠給人留下深刻的印象。這兩點結合起來，就能大幅增加一切物品的使用期限，讓人覺得物超所值。

聘請一名優秀建築設計師設計一個簡潔大方又堅固實用的家，就能以遠低於一般房子的造價，擁有一棟外型雅緻、使用便利、令人滿意、堅固耐用、物超所值的房子，而且沒有那些看起來既多餘又醜陋的尖頂和塔樓。

在室內陳設和家具用品方面，如果我們能夠更加注重實用性和簡單美觀，就能大大地減少不必要的開銷。

在挑選任何種類的衣服時，一定要深思熟慮，仔細想想我們已經擁有的衣服，以便讓新買的衣服能與已有的衣服搭配得當，進而讓我們在任何時候都穿得體面又漂亮。有些人只花很少的錢，就能把衣櫥打點得協調一致；而那些在穿著方面格外講究、毫無節制的人，到頭來卻發現自己只擁有一堆亂七八糟的衣服，雜亂地混在一起，看起來沒有一件衣服與其他衣服有任何關係。

這些原則也適用於日常生活中的各個層面。在購買端上餐桌的食物時，更加細心的挑選能確保你花更少的錢而獲得營養更均衡的膳食。均衡的營養搭配意味著你的家人更加健康。

那些表面上看起來養尊處優、生活奢華的人，以及那些在任何時候都穿著體面、住在令鄰居們羨慕不已的房子裡的人，往往不是賺最多錢的人，而是有辨別能力、善買東西的人。

賺錢是工作，但明智地花錢卻是一門藝術。只要能夠更加明智地花錢，大多數人都能因此讓自己的收入增加百分之五十。

「經濟」、「樸素」、「節儉」，這些詞語常常遭到人們的誤解。在挑選購買每一件東西時都盡心盡力地運用其辨別能力的人，既不小氣，也不吝嗇。這樣的人通常能積累很多財富，也正是這些人壯大了我們的國家。

任何人都沒有權力批評那些買東西時既堅持品質為上，又在確定物有所值時才花錢購買的人。這種做法才是真正的「經濟之道」——

「講求『經濟』本身就是收益的一項巨大來源。」

——塞內卡

或許你已經注意到了：有一些人似乎很輕易地就變得富有。你並沒有發現他們得到任何意外之財，但是他們卻繼續表現出財產愈來愈多的跡象，最終所有的街坊鄰里都認為他們躋身進真正的富人行列。通常說來，這些人能夠

變富是因為他們懂得明智地消費，並且在他們變富之後，購物時仍然繼續明智而審慎地精挑細選，最終他們不僅能繼續保持富有，還能不斷地增加財富。有些時候，我們會毫無道理地嫉妒富人，但是大多數人卻不願意嘗試仿傚那些人為了變得富有並保持富有而做過的事情。

富人在買東西的時候，通常會挑選物超所值的東西，因為在很久之前，他們就懂得了「節儉」的道理。非常貧窮的人在購買東西時往往不知節制，稍稍寬裕的人家則常常漫不經心，但是富人在任何時候都很節儉，這就是他們為什麼能變得富有並且保持富有的原因。

第6講

節儉帶來真正的自由

「確立堅定、獨立而不偏激的人生觀，否則人們就不
會感到幸福，甚至不會堅守誠實的品格。」

——朱尼厄斯（Junius）

　　一個人衡量自由的尺度，以及衡量獨立的尺度，在很
大程度上取決於他安排自己生活的方式。

　　只有那些節儉的人才是真正自由而獨立的人。看著這
種人，你會羨慕他，甚至好奇他是如何把這些事情處理妥
當。沒有債務纏身的人，往往也不會有煩惱纏身，因此他
們實際上是自由的，是真正自由和獨立的人。這些人可以
自由選擇是工作還是娛樂，來去自如。他們永遠都不會忽
略自己的工作、娛樂和家庭，也不會忽略自己的健康，因
為他們知道如何保持體力和經濟實力。他們知道如何節省
徒勞無功的努力，故能保存精力和賺錢能力。賺到錢之
後，他們知道應該將一部分收入存起來，以備不時之需。

　　我們經常聽到別人談論個人的自由和獨立，其實除了
節儉的人以外，其他人不可能獲得個人的自由和獨立。每

個人都必須贏得自己的自由，創造自己的獨立。在得到自由和獨立之後，他才懂得如何利用它們，而且永不濫用。

在你的家鄉，可能就有那麼一個人，你一直都很羨慕他，而且一直都想知道他是如何遠離煩惱和憂慮的。你知道他將來會成為一位成功人士，且幾乎有些嫉妒他了。至少你非常想知道他那顯而易見的成功和幸福祕密何在。如果下一次你在街上遇見他，請他停下來，問問他這些問題。這種人往往很樂意和任何值得的人分享他成功的秘訣。當他說出他的成功祕訣時，你會發現，可以用以下詞語來總結概括——他懂得節省之道：他節省體力，節省腦力，節省所有有形的實體，比如食物、衣服，以及金錢。

在《獨立宣言》發布多年之後，美國才成為一個真正自由和獨立的國家。我們之中的一些人可能也是在《獨立宣言》發布幾年之後才意識到純粹的自由和獨立是什麼。那些有勇氣發表宣言的人最終贏得了勝利，而那些沒有勇氣的人就像國會中反對簽署《獨立宣言》的七位議員一樣。大多數的人甚至都不知道他們是誰，他們早已被人遺忘，隨著時間的逝去而湮沒了。

「人們無法選擇是否要出生，但他們可以選擇要如何活著。」

——愛默生

第7講

自由獨立即是幸福滿足

「自由具有上千種魅力，然而奴隸卻從不知道。」

——考柏（Cowper）

「獨立」這個詞語最充分的解釋是純粹的自由。「不能主宰自己的人，就不是自由的人」，受到任何人或事奴役的人，也不可能成為自己的主人。一個「自由的二十一歲白人」仍然有可能是一個卑微的奴隸。他可能淪為習慣的奴隸，一時風尚的奴隸，或者其工作的奴隸。

淪為習慣的奴隸，不論是什麼類型的習慣，恐怕都是最卑微的一種奴役形式。能夠主導自己行為的人是自由人，不會淪為任何習慣的奴隸。

淪為一時風尚的奴隸是最悲慘的一種奴役形式，因為它不僅會讓人一貧如洗，而且在人覺醒之後，往往還會留下不盡的痛苦。

一個人淪為自己工作的奴隸，就不可能從工作中獲得最大收益。如果工作控制著他，則他的生活就會被工作不適當地占據，也就表示他不適合這個崗位。一個人能掌控

自己的工作，就會對自己的職位感到滿意，同時也讓他的雇主滿意。這樣的人，才是真正自由的人。

有太多的人淪為金錢的奴隸，他們窮其一生都在為錢勞碌，卻不曾擁有多少錢。另一些人會將錢積攢起來，並讓錢為其工作。他們才是自由的人。

「自由」和「獨立」是被人們誤解最多的詞，這兩者能夠帶給人們最多的是幸福和滿足。

金錢買不到幸福，也買不到滿足，但是，賺錢並讓錢為你工作的行為，就能營造出恰當的氛圍，以增加你的滿足感，而這正是幸福的最高境界。

我們要養成一種好習慣，那就是「感覺幸福」。任何人都不會淪為這種習慣的奴隸，因為只有擁有「感覺幸福」這種好習慣的人，才是絕對自由、完全獨立的人。

人們有時候會將「自由」和「放縱」混為一談。「世界上有兩種自由：一種是偽自由（放縱），在這個國度裡，人們可以隨心所欲地做自己想做的任何事情；一種是真自由，在這個國度裡，人們可以隨心所欲地做自己應該做的任何事情。」

在美國，每個人都擁有最大限度的自由和獨立，這與其他人的權利是一致的。除此之外，每個人都有機會透過積累財富，最大限度地增加至高無上的幸福感和滿足感，實現個人的自由和獨立。

只有「能夠掌控自己的智者」，才是真正自由的人。「擁有自由，只不過是為了讓我們成為應該成為的人，讓我們擁有應該擁有的東西，這一點是絕對必要的。」

　　每個人都有這樣的權利，而且大多數人都有這樣的機會——以獲得金錢和資產的方式，最終擁有充足的物品，進而確保自己和家人的自由和獨立。除此之外，任何人都沒有必要以身體健康為代價去苦苦地尋找幸福和滿足，因為自由和獨立這兩個詞語已經具備了最充分的意義。

第8講
讓生活水準低於財力水準

> 「就金錢方面而言，輕鬆生活的藝術就是要把你的生活水準定在你的財力水準之下一個等級。」
>
> ——泰勒（Taylor）

泰勒生活在幾百年以前，那個時候財富的積累是一個緩慢而艱辛的過程。如果他生活在現在這個時代，他可能會說：「如果你希望活得更加長久，獲得足夠的財富，並在步入晚年時過著愜意而舒適的生活，經濟上能獨立自主，那就將你的生活水準定在你的財力水準之下幾個等級。」

即使沒有我們現在所擁有且認為是必需的許多東西，我們每個人也完全可能好好地生活下去，並且會過得非常快樂、相當知足。透過仔細挑選，我們很有可能將生活開銷削減10%、20%，甚至30%，而且依然擁有我們必需的每樣東西，充分地享受生活樂趣。

幾乎每個人都買過一些自己永遠使用不到的東西。許多人擁有多處房子，或正在為這些房子支付租金，而他們

根本就用不到這麼多房子。如此一來，他們就要更加辛苦地工作，並由此產生更多的開銷。

很少有人注意到應該購買當季的產品，因為這個時候它們最便宜。每年都有那麼一天，或者一個星期，或者一段時間，某樣東西的價格會降至最低。幾乎所有的東西都是有季節性的，而供應量最為豐富且需求量相對最少的季節，就是我們買進那件東西並儲存起來的最佳時機。要購買毛皮類的衣物和冬天取暖的煤塊，最佳時機不是第一場暴風雪襲擊的時候；要購買蘋果，最佳時機也不是一月份。

在中西部的一個城鎮裡，一個商人最近透露說，在他的商店裡，幾乎有一半的家具是以低於成本的價格銷售出去的。同時他也坦承，有一段時間人們對一些種類的柳條家具有很大的需求，喜歡在陽臺、走廊或避暑莊園裡使用這種家具，這讓他獲得了相當大的利潤。大多數人會在春天購買他們所需要的柳條家具。他們知道自己需要這種家具，而且本來可以在任何時間點選購。比如說，他們現在就可以為來年的春天選購自己想要的柳條家具，這樣幾個月之後，他們就能省下25%的利息，甚至更多。

人類是一種遵守習慣的生物，習慣一旦養成，就很難改掉。但是，相較於一年三百六十五天都穿戴著奢侈品的人來說，偶爾才買某件奢侈品滿足一下慾望的人，往往能

從中得到更多的快樂。

　　如果我們能砍掉生活中不可或缺的用品，要刪減其他更多物品就會變得相當容易。幾個星期之後，你會發現，我們省下的錢比以前想像的還要多，那該是多麼開心的事情啊！至少，這件事值得一試！

　　相信在你把自己的生活水準定在財力水準之下三個月之後，一定很想知道自己以前為什麼沒有這麼做。至少這是一種習慣，一種節約用錢的好習慣。這種習慣沒有過度濫用的危險，因為當1美元被儲蓄起來的時候，它就進入銀行，重新回到貨幣流通系統之中，然後每個人都能利用這1美元，彷彿這1美元被花掉了一樣，但其實這1美元仍然屬於第一個儲存它的人。

第9講
定下目標，努力求之

「一個人能夠得到他想要的任何東西，只要他是發自內心地渴望，並且願意為之付出。」

有些人渴望獲得財富；有些人只渴望得到平靜、舒適的生活以及合理水準的經濟獨立。

有些人渴望得到名聲和大眾的鼓掌喝彩；有些人只在意是否得到身邊親近的人的認可和讚許，比如他們的雇主、親戚或者朋友。

有些人希望能四處旅行，遊歷整個世界，遍覽其中的各色景致；有些人只參觀幾個很著名的景點或風景名勝，只要所遊覽的地方足以讓自己跟上國家的發展步伐，就會感到非常滿足了。

有些人希望在市區有一間房子，在郊外有一個農場，在北方有一座避暑莊園，在南方有一棟避寒別墅，認為這樣才算得上是完美的幸福；還有一些人，只要在市中心外圍某個相當安靜、愜意的地方有個不太大卻很溫馨的家，就會感到非常滿足。

有些人希望成為許多俱樂部、社團和協會組織的成員；還有一些人滿足於只加入一個高爾夫俱樂部或體育俱樂部，或某個社團，或某個協會組織，只要在那裡可以認識和自己志同道合的人，並與他們來往。

　　有些人渴望擁有好幾輛不同款型的汽車，聘請一位司機為他開這些車，還要另請一個人專門保養這些車；有一些人只要能夠擁有一輛價格適中的車就心滿意足了；更有許多人則對汽車沒有任何慾望。

　　有些人想要一個超大的衣櫥，裡面裝滿了各式各樣的衣服，在不同的日子、不同的時段都能有不同的搭配；有些人則只要有日常衣服加上一套週末假日穿的服裝就可以了。

　　有些人想擁有的多一些；有些人想擁有的少一些。每個人都有權利去滿足自己的願望，實現自己的雄心，只要他能夠做到。他有權利為自己想要的東西努力工作，只要他足夠努力，就有相當大的可能性得到自己想要的東西。

　　一個人只要設定了目標，並為之努力奮鬥，就很有可能會成功。他可能是大器晚成，但合理地說來，他一定會成功。但一個人若不事先定下為之努力奮鬥的目標，就很有可能漸行漸遠。他的人生漫無目的，而且他永遠無法因為自己實現了什麼而為人所知。

　　一位真正的智者曾經說過：「取乎其上，得乎其中；

取乎其中，得乎其下；取乎其下，則無所得矣。」

　　一個人若將目標定得很高，也許會達不到自己的目標；但是，相較於把目標定得很低或者根本就沒有定目標的人，他將會更接近自己定下的目標。

　　不管什麼時候，當一個人下定決心要得到某件東西時，他已經在成功實現這一願望的路上前進了一半，不論他想要得到的是財富、名聲、地位、房產，或是一份工作。

　　一個報童懷揣著65美分，走進美國威斯康辛州一個小城市的一家銀行。銀行裡的出納員告訴他，他至少得有1美元，才能開個帳戶。小男孩低垂著頭，轉身離開了銀行。有一兩個人目睹了整件事的經過，他們說當小男孩走出銀行的側門時，一滴眼淚滴落在大理石的門檻上。但不到五分鐘，小男孩又回到了銀行。他徑直地走向那個銀行出納員的視窗，摘掉自己的帽子，說：「嗨，先生！等到有一天我擁有這家銀行的時候，伐木工人也能到這裡來開個帳戶，不管他手裡有多少錢，不必非得至少有1美元。」

　　就在那五分鐘，這個小男孩決心要擁有那家銀行。多年之後，筆者有幸應邀出席當年那個小男孩舉辦的一場宴會，那個時候他已經六十六歲了。當時他已經持有這家銀行的控股權益達二十五年之久，並正要從那家銀行的董事長職位上退下來。自從他流下眼淚、感到憤怒並下定決心

擁有這家銀行開始，僅用了十四年時間，他就在這家公共事業單位擁有了銀行高級職員的職位，並且持有這家銀行的大宗股份。

「在讀過無數關於機會的箴言之後，我們又一次回到起點，並且發現：我們遇到的幸運轉折和情境，一直以來都是自己創造出來的。」

「只要懷著勤奮不懈的態度和技能，沒有什麼事情是
　不可能的。」

—— 強森

第 **10** 講
帶著鑑別力購物

「平靜無浪的海洋永遠無法造就技術高超的水手；正
如持續不斷的繁榮和成功也無法使一個人有用和幸
福。」

——柏頓（Burton）

　　繁榮常常會扭曲人的判斷力，並且幾乎將人的鑑別力
毀之殆盡，一個人的生活方式和購買的東西通常會讓這一
點表露無遺。

　　在繁榮時期，社會上有一種潮流，就是熱衷於購物，
並且毫無怨言地高價購買，因為高價格成了原則。在購買
東西和安排生活的過程中，人們很少進行適度的鑑別和判
斷，其實如果能做到這樣，很多情況下都可以避免高價
格。在選擇我們所需要的東西時，不管是生活必需品，還
是我們渴望的東西，若能運用一點鑑別力，每次就能節省
一些，有時甚至能省下50%的錢。

　　有一個眾所周知並廣為接受的事實，那就是一般的美
國人大多是少見的好推銷員，但卻是非常蹩腳的購買者。

做為一個民族，我們非常重視銷售能力的教育，而且已經把這一能力培養和發展到了很高的水準。有許多學校專門教授行銷技能，還有許多著名的商業學院，最近也陸續開設了行銷學系。由此可見，如何銷售東西受到人們極度的重視，但是大多數人依然繼續以散漫、隨意和不科學的方式購買自己所需的消費品。

假設我們下定決心只購買那些最能滿足我們需要的東西，並且在每次購物的過程中，都運用判斷力做出最好的採購決定，等到這年年底，這種精挑細選的購物方式所產生的效果就會非常清楚地顯現出來。

試想有多少次，我們衝進一家商店，買下一些並不是自己真正想要的東西。等我們回到家，就會把它們掛在櫥櫃裡，或者放到抽屜裡，甚至擱置在高高的架子上，一放就是幾個月，甚至是好幾年。當我們需要或想要一件東西時，假設我們只買需要或想要的那件東西，並且在我們確定那件東西就是我們需要或想要的東西以前絕不購買，那麼我們很可能會發現，過去所購買的東西有很大一部分確實是欠缺考慮的，至少其中一些是完全不必要的。

接下來你會發現，只買我們想要的東西，只買我們永遠都不需要找藉口或心懷歉疚的東西，有多麼快樂！不管你要買的商品是一棟房子、一輛汽車，或者只是一頂帽子，你都能獲得等量的快樂。

幾乎每個人都擁有一頂從來沒有戴過的帽子、一雙從來沒有穿過的鞋子，或者某件從來沒有穿過的衣服，而且他們很可能以後也永遠不會使用這些東西。那些東西在購買時就根本不是他們想要的，因此根本不應該將它們買下來。

買便宜的東西並不一定就是明智的購買行為。與其花較少的錢買一件不能滿足需求，買下後也不會令你開心的替代品，還不如花較高的價格購買你所需要的那件東西。花較高的價格買一件正好合適的東西，也許能避免以較低的價格買三四件便宜貨，它們合起來也不如價格稍貴的那件經久耐用且滿足需要。

在購買東西的過程中，最必要的就是鑑別力，帶著鑑別力買東西，最終會減少購買的數量。生產商賺取的利潤還是一樣高，加工者的利潤還是一樣大，或者會更大，店主的利潤甚至更加可觀，最終每個人都會更加快樂。

繁榮可能已經削弱了如此渺小的鑑別力，因為我們早已習慣了。繁榮並未讓人們更富智慧，也沒有提高人們的判斷力或鑑別力。它很可能會讓大多數人失去理智和洞察力，讓人們更加以數量為榮，而不是以品質為榮。

帶著鑑別力購物的想法最終會給我們一個準則，把這個準則應用到日常生活中，就能讓我們都可能擁有並享用我們需要的或想要的每件東西，從而延長繁榮的時期，讓

我們更加快樂、知足。這個準則就是：踏踏實實地工作、精挑細選地購物、老老實實地生活、公平對待所有人。

在爵士樂引人注目的今天，這些思想觀點之中有些聽起來可能有點兒老土了。但是，在獲得金錢方面，這些思想觀點一點兒也不老土。遵循這些訓誡的人，到了年底時肯定會擁有比年初時更多。

「沒有謹慎地生活，就不可能活得快樂；

　沒有快樂地生活，就不可能活得體面又恰當。」

—— 伊比鳩魯（Epicurus）

第11講
品質重於價格

「這個世界厭惡吝嗇，並且鄙視奢侈；然而，一隻鬆
弛的手表現出脆弱，一隻緊握的手表現出力量。」

——巴克斯頓（Buxton）

幾乎每一個曾經到過美國的歐洲作家在回國之後，談
及對美國的第一印象時，都會寫道：美國人是「金錢追逐
者」。一位著名的英國作家，曾經遊歷過地球上每一個文
明國家，寫道：「每個美國男人、女人和孩子的主要工作
就是追求美元。」很難說清楚一般美國人的這種現象，也
很難說清楚這一點與事實是否相差甚遠，除非美國人把金
錢都趕走。我們在追逐金錢的時候，肯定沒有想著要把錢
弄到手並存起來，因為我們只是把到手的錢存了一小部
分，與其他任何一個國家相比都是小巫見大巫。

如果我們是「金錢追逐者」或「迷財者」的話，我們
就不會任由金錢如此輕易地流出去了；一個更好的說法應
該是說我們都是「價格崇拜者」。當我們走進一家商店，
想買任何東西的時候，我們首先問的就是價格，然後透過

價格高低來判斷東西品質的好壞。我們向來接受的教誨就是品質好的東西價格較高，要買好的東西就要付出很高的價格，因此我們首先想瞭解的就是價格，接著是選擇其中價格最貴的東西，然後帶著戰利品回到家中，還自我感覺良好，以為買到了最好的東西。

就在最近，中西部大城市裡有一家鞋店正在進行廣告促銷活動，分別以6美元、9美元和12美元的價格銷售鞋子。這些鞋的成本是一樣的，都是7.5美元。第一天，除了幾雙尺碼特殊的鞋以外，售價為12美元的鞋銷售一空。售價為9美元的鞋則賣出去了一大半。然而，在為期六天的廣告促銷活動結束時，售價為6美元的鞋還有90%沒有售出。買鞋的人詢問過價格後，都認定價格最高的肯定是品質最好的，於是選擇買最貴的鞋。

在一個大城市裡，一家最大的零售商店最近進行了一次中國絲綢促銷活動，推出大量的廣告宣傳。有許多絲綢售價為每碼1.65美元，還有一些絲綢售價為每碼1.35美元。正午過後不久，售價為每碼1.65美元的絲綢就銷售一空，但是售價為每碼1.35美元的絲綢卻還剩下了相當大的一部分。這些絲綢的品質完全一樣，而且不需要請絲綢專家鑑定，因為絲綢邊縫上的標誌表明，包括物料編號在內的資訊都是一模一樣的，沒有任何區別。

在我們買新帽子的時候，第一個問題就是帽子的價

格。甚至連掛在牆上的油畫，大多數人也不是根據畫家的簽名或者油畫本身的美麗而做出判斷，只是根據其擁有者以什麼價格買到來做出判斷。

沒有人會像美國人一樣任由手中的金錢輕易地流出去。真要說美國人是「金錢追逐者」的話，那他們一定是更加努力地把錢追趕到別人的口袋裡，而不是想方設法把錢聚攏到自己的口袋裡。

買賣商品的標準被完全顛覆了，品質不再是我們購買商品的準則。大多數人選購商品的決定因素變成了價格，而且這個價格一定會很高。在美國一個大城市的商業區裡，有一家電影院把電影票的價格從 50 美分降到 35 美分，儘管這個電影院以更低的價格放映同樣水準的電影，可生意仍一落千丈。一家知名的餐廳將價格下調了 25%，而且在任何方面都沒有影響食物和服務的品質，但是來客量最終只增加了 3%。

問題在於美國人向來都不稀罕便宜貨。有一個老掉牙的故事：把一匹布料裁切成好幾小塊，然後以更高的價格銷售這些零頭布；這個故事已經被多次證明是真實存在的。這個商人不應該受到任何譴責，因為他只是用簡單的數字為自己的商品做上標記，並沒有弄虛作假地描述那些商品。所有的過失都應該由購買者自己承擔，他沒有根據商品的品質進行鑑別，僅根據別人的要價來判斷自己要買

的東西。如今，我們所需要的就是在購物的過程中運用鑑別力。在進行商品買賣的過程中，如果能運用祖父母那樣敏銳的判斷力和技巧，我們每買1美元的東西就立刻能省下10到35美分。但是我們必須根據商品的品質來進行判斷，而且我們應該經常光顧那些樂於誠信經營、合理定價的店家。

如果你堅持只付某個價錢，而那件商品值你出的那個價，大多數商人都會把商品賣給你。但是如果你堅持以更高的價格買某件東西，而店主卻不賣給你，那他一定會成為一個貧窮的商人。根據品質買東西，忘記價格這回事。首先挑選你想要的商品，然後再詢問價格，你會驚奇地發現，以品質作為購物原則之後，竟然有這麼多次你會選擇其中比較不貴的商品。

「在繁榮之時，準備面對變化；在逆境之時，懷抱改變的希望。」

——柏格（Burgh）

「他將人生的偉大原則濃縮成簡短的句子，使人們可以輕鬆地留下深刻的記憶，並時常湧上心頭，因此可說是人類的恩人。」

——強森

第12講
避免與人借貸

「慷慨是需要智慧的，正如其他事情也是需要智慧
的：跟每個人都是朋友通常意謂著一個朋友也沒有；
或者，某個無知的人強劫他的家人以幫助陌生人，於
是他成了乞討者的兄弟。」

—— 司布真（Spurgeon）

不久以前，一家知名的財經報紙登載了一個故事：紐
約市的一個男人破產了。他的資產只剩下10美元，而且
他還欠債9萬3,230美元，其中有6萬1,500美元是他在過
去七年時間裡和朋友借的。這個故事指引我們關注一個事
實，那就是許多人都是靠別人的錢在過活，並享受著本該
屬於那些人的悠閒和安逸。

毫無疑問地，這只是個極端個案，但這種行事方式在
現實生活中一點兒也不罕見。在同單位的熟人間把錢借來
借去，對於出借者和借款者來說已經是夠糟的做法了。但
是，隨隨便便地把錢借給張三、李四、王五，對於出借者
和借款者來說，更是災難性的做法。這樣的借錢方式會破

壞友誼，讓朋友和熟人之間的關係變得冷漠，因此還不如拒絕這種借貸關係呢。

還有一個破產的男人，列出他的資產有1萬8,160美元，但是這些錢都借給了他的朋友、熟人和三姑六姨、七舅八叔等親戚，卻沒有任何形式的擔保或抵押。這樁破產案的資產管理人最後收回來的錢總共不到500美元，因為許多借款無法得到證明。他在借給別人錢的時候，沒有做過任何借出記錄；別人在借錢的時候，也沒有做出任何還錢承諾。他過去的一個朋友公開聲明自己從這個男人那裡領取的1萬5,000美元，是自己應得的一筆交易傭金，並且否認自己有任何欠款，這個男人的破產與自己毫不相干。這是一個必須嚴肅看待的案例，因為碰巧這個人的破產總額只有8,090美元的債務，如果他從來沒有借給別人那1萬8,160元的錢，他就不會破產了，而且在銀行裡可能還有1萬美元的存款。

辛勤工作、省吃儉用而辛辛苦苦攢下的錢，在沒有足夠的擔保以確保這筆借款能收回來的前提下，不要把它借出去。我們借錢給朋友，常常是立即脫手，在這個過程中不寫借據，而回收這種借貸時幾乎都會產生不好的感覺。

有資格借錢的人，其身分地位通常可以保證他去銀行借貸；或者，就算他的信用情況和流動資產不足以證明其銀行借貸行為是正當的，他也可以提供合情合理的擔保，

以保證他在貸款到期時能償還債務。在一般情況下，如果沒有提供毫無疑問的擔保，就沒有權利向其親戚、朋友或熟人借錢。在生病、死亡，或突遭橫禍的情況發生時，親戚朋友們還是應該伸出援助之手，但這都是非常極端且不常見的情況。

紐約市那個破產者，最後只好以消磨時間為業，依靠向朋友借錢懶散度日。當他寫下「借錢度日並不比當乞丐好多少」時，我們真應該三思。

還有一個人因為朋友欠了他很多錢而遭到失敗，現在，他發現自己甚至無法提供給妻子和兩個孩子最平常的舒適生活了。而這一切都是因為他總是隨隨便便就借給這個人5塊，借給那個人10塊，再借給另一個人100多塊，而這些都沒有任何擔保。相信你一定同意我這個看法：他是一個真誠坦率的人，但同時也是一個愚蠢的人。與其在你想方設法催人還錢的時候招來反感，還不如因為拒絕借錢給熟人而遭人嫌惡。反正不管在哪種情況下，你都會遭人厭惡，但如果你拒絕把錢借出去的話，至少還能保有這筆錢。或許你並不是那種借錢給別人時不計後果的人，但你很有可能借出去一大筆錢，卻永遠也無法指望再看到它們了。

莎士比亞生活在銀行還沒有出現的年代，但是在那個年代裡，朋友之間借錢的情況已經出現。你應該記住他說

第 13 講
淨收入才是真正的收入

「所有人都可能會做出別人做過的事情。」

——楊（Young）

有時候觀察一下身邊的人，看看哪些事情是他做過而我們沒有做過的，然後想想這件事情是否值得一做。這樣是十分有趣的。

有一件事肯定值得去做，那就是學會一樣本領，獲得足以擁有舒適生活的收入，養成獨立的習慣，這樣明天就能過上比今天更加輕鬆、舒適的生活。

有太多人錯誤地認為，工資或薪水這種形式的收入就是淨利潤，最終的結果是他們永遠也無法享有任何真正的淨利潤。個人所得，就像一個企業的收入，也就是收入而已；至於傭金，它們也只是收入；而工資或薪水，它們是名副其實的毛利潤。

首先，要從個人的工資和薪水這種毛利潤中刨除日常生活的開銷，就像企業必定會從其毛收入中扣除業務正常營運所需的費用一樣。剩下的才是淨利潤，或者是實際淨

收入。對於大多數人來說，實際淨收入在毛收入中只占非常小的一部分。一個人的實際工資，是他在支付完「肉販、麵包店、蠟燭製作商」的帳單後所剩下的，而且他還必須從這些實際工資或淨收入中拿出錢來，準備當前的娛樂，及將來的舒適生活。

最近幾年，美國人變得熱衷於存錢，儘管對奢侈浪費的生活方式的譴責仍不絕於耳。現在，這個國家平均儲蓄存款帳戶的數量比其他任何一個國家都要多，而且美國人民變成存款人的數量也比其他任何一個國家多得多。或許我們不應該給自己太多的信貸，因為我們賺的錢比其他任何一個國家的人多得多，因此，我們也應該存得比他們多。世界其他國家存款人數量之和是美國存款人數量的十二倍，但全球三分之一的儲蓄銀行存款額卻在美國。

我們正在擺脫一種老觀念——盡你所能賺錢，隨心所欲花錢，然後才存下剩餘的錢。一個沒有淨收入的企業是一個失敗的企業，很快就會破產。同樣的經濟法則也適用於個人。如果一個人希望自己能夠免於失敗，不想成為徹頭徹尾的破產者，他就必須妥善地安排好自己的事情，保證每個月都有淨收入。

擺在每個人面前的經濟問題是：

——如何賺錢；

——如何花錢；

——如何從中存一些錢；

——如何變得經濟獨立。

第 **14** 講
切忌假裝慷慨

「一條假裝教導我們去鄙視金錢的哲理，不會傳播得很深入。」

——泰勒

一般人的錢包會「漏」，其中有一個最常見也最嚴重的原因是：錢都花在朋友、熟人和遠親近鄰身上了。有許多人會等著你為他買車票，或掏門票，或為其午餐買單，或為其汽水付錢，而且沒有絲毫良心不安。對某些人來說，讓那些看起來慷慨大方的人為自己支付偶然的花費，已經成為一種精妙的藝術。

「我們鎮上有一個人，幾乎不管什麼時候出門都會乘坐計程車，只要有人與他同行並支付車費，甚至連過一、兩條街區的路程也會搭車。從來沒有人見過他一個人乘坐計程車，也從沒有聽說過他在和別人一起時付過車費。」

有太多人任由「對金錢的鄙視」在內心深處滋長，尤其看不起小錢，比如 1 美元以下的錢。我們每天或多或少要掏一次公車費，一個星期左右要付一回計程車費，每個

月要買單請別人吃兩次飯，一個星期要支付三四次電影票，這些加起來總共有多少錢呢？在人的一生中，類似這樣的消費總計為 5 萬美元以上。就算一天只坐一次公車，一個星期只乘坐一次計程車，一個月只請人吃一頓午餐，一個月只看一兩場電影，在一個人正常的一生中也要花出去 5 萬美元，而且別指望這筆錢還能回來。

這些數字看起來非常龐大，因為它們被累加了，而且這個總數的利息要以複利計算。或許上面所說的這些事情你不會樣樣都做，你可能只做其中的一件事情，但即使只是其中一件，也意味著在幾年之內會花費成百上千美元。沒有什麼人比那些一毛不拔或小氣吝嗇的人更可憎可鄙的了，但是，也沒有什麼比在剛結識的人身上撒下大大小小的錢更愚蠢的行為了，那些人只會在背後笑你傻。那些真正有錢的人，那些學會省錢的人，那些經過痛苦的經驗和教訓才懂得金錢價值的人，是不會這麼花錢的。

那些口袋裡只有幾個銅板的人，往往最熱衷於隨意地胡亂花錢，因為那些有成千上萬美元的人已經學會了如何保住自己的錢。真正富有的人會妥善管理他們的財力資源，他們當中的許多人之所以能變得富有，是因為他們擁有足夠的智慧，知道自己該在什麼時候花錢。如果把一個年輕人放在東道主或款待者的位置上，或者讓他陪同一位有錢的長輩，在他努力招待的過程中，很有可能會表現得

有些過頭。

　　許多人其實不太付得起那些花費，如果他們參加一次小型聚會，而碰巧他是這個小團體的一員，他們就會一而再、再而三地堅持要求買單，於是其他人就只好讓他付賬了。經常炫耀自己的錢，並搶著為每一件東西買單，支付所有花費，既不能表現一個人的富有，也不能表明一個人的慷慨大方，反而體現出他的粗俗。對於一個經驗豐富的有錢人來說，那些花錢不貶眼的「慷慨者」還沒有養成妥善管理錢財的習慣。對於大多數美國人或年輕人來說，最好的忠告就是：「讓你的雙手遠離你的口袋，讓你的錢老老實實地待在銀行裡。」

　　愛默生曾經說過：「一個人值得人家怎麼看待他，人家就會怎麼看待他。」愛默生應該再補充一句：「而不是根據他肆意撒錢時的樣子來看待他。」

　　我們暫時讓其他人按他自己的方式付款，並觀察我們自己的錢在不斷地積累。我們尤其要放棄為那些點頭之交、遠親近鄰，乃至朋友買單，放棄為他們購買他們並不需要或並不想要的東西吧。當然也沒有必要把這件事做過頭，而被別人叫做「小氣鬼」或「寄生蟲」。不過，我們可以下定決心，從今天開始不讓任何人在我們身上做「寄生蟲」。在這方面，我們可以認真效仿那些一向節儉的富人，因為如果他們不節儉的話，他們就不會成為富人。

愛默生還說過一句話，值得我們認真反思：「英國人成功富有、心態平和。他們有一個好習慣，認為如果一個人不能保住並提高自己的社會地位，那他也應該照顧好自己，並且感謝自己。」

第15講
不必要的「稅費」

「租稅確實非常沉重，如果我們必須支付的稅費只有
政府徵收這一項，那麼履行職責繳納稅費就會輕鬆多
了。但是我們還要繳納許多其他的稅項，而且這些稅
項對我們許多人來說更加難以忍受。因為我們的遊手
好閒，我們要繳納兩倍的稅費；因為我們的驕傲自
大，我們要繳納三倍的稅費；因為我們的愚蠢荒唐，
我們要繳納四倍的稅費……而這些稅費不是國會議員
們通過討論決定減少就能減少，或讓我們解脫的。」

——富蘭克林

誰沒抱怨過稅費太高？有多少人敢信誓旦旦地說，那
些遊手好閒、驕傲自大、愚蠢荒唐的行為讓我們損失的
錢，不比聯邦政府、州政府、地方政府向我們徵收的所有
稅費還多？租稅確實是一項沉重的負擔，但是「稅收是國
家的主要收入」。

我們因為損失時間和機會向自己徵收的「稅費」；我
們因為虛妄的驕傲、設法勝過鄰居的企圖而向自己徵收的

「稅費」；我們因為愚蠢荒唐向自己徵收的「稅費」——這些「稅費」並沒有成為「國家的主要收入」，也不是用於塑造我們的性格和身分地位的東西。

大多數人每天都會浪費一些時間，因此收入也會相對地減少，這是完全有可能的。即使是那些按月領取薪水的人，除非他提升自己的賺錢能力，否則他的收入也不會增長。賺錢能力僅來自於更密集的工作和工作者投入手中工作的專心程度。「如果說人生是短暫的一天，那它也是工作的一天。行動或許會帶來不幸，但不行動永遠不可能帶來好處。」

我們因為驕傲虛榮而支付的「稅費」是其中最繁重的。我們的鋼琴、留聲機、餐桌、最好的晚禮服、鞋子，以及我們擁有的一切，都應該比我們的朋友所擁有的類似東西要好。這些東西不僅要有用，還要質地好、美觀大方。此外，它們的價格還一定要比別人的高。這些要求只是一個事關「驕傲」的問題。在毫無意義的金錢花費中獲得的驕傲，沉浸其中何其悲哀！這樣的驕傲每年都會向美國人「課稅」，使得他們每年都會繳納數不清的「稅費」。

我們因為愚蠢荒唐而支付的「稅費」同樣繁重，而且毫無必要。在我們已經煩膩得不願進行的娛樂消遣上花錢，是最純粹的愚蠢。僅僅為了享受花錢的樂趣而購買東西，是最為常見的行為，也是最愚蠢荒唐的行為。誰家的

儲藏室或閣樓裡沒有存放我們在頭腦不清時買下的東西呢？而我們可能永遠找不到它們真正的用途。

對於我們來說，阻止國家向我們課稅是不可能的，因為國家需要用這些錢來維持自身的運作，並用這些錢來保護人民、服務人民。然而，沒有什麼能夠阻止我們徹底消滅我們一直在支付的許多其他「稅費」，其中最突出的是因為遊手好閒而支付的「稅費」、因為驕傲虛榮而支付的「稅費」、因為愚蠢荒唐而支付的「稅費」。

不要將這番話擱置一旁，以為這和你沒有任何關係。

在過去的一年中，這個國家裡或許沒有哪個人不因為遊手好閒、驕傲虛榮或者愚蠢荒唐而支付不必要的「稅費」。去年，這個國家的人們向自己徵收的不必要的「稅費」，總計可能達到了數十億美元。如果把這一大筆錢用在更好的事情上，或者花在更有價值的目標上，真的很難預見我們會收穫什麼。

第16講
儲藏並非儲蓄

「如果一個有錢人對自己的財富感到驕傲，直到我們
搞清楚他如何使用錢財之前，他都不該受到讚賞。」

——蘇格拉底

　　將你的錢儲藏起來與將你的錢儲蓄起來，是完全不同
的兩碼事。把你力行節儉得到的錢儲蓄起來，不僅會讓你
受益，還會讓你的家人、朋友、社會和整個國家也跟著受
益。事實證明，將你的錢儲藏起來，對你自己和其他人來
說，都是有害的。

　　在都柏林，有一個老婦人因為沒有食物而餓死了。人
們在她的房子裡發現了價值1,000多英鎊的金幣和銀幣，
它們藏匿在各種不同的地方。這個老婦人一直在儲藏自己
的錢，最後卻死於饑餓。

　　還有一個老婦人，許多年以來一直在領取「貧困養老
金」，最後死在英格蘭肯特郡的一個小村莊裡。當人們仔
細檢查她居住的簡陋的小木屋時，發現了裝在三個袋子裡
的一大筆金幣，儲藏得非常嚴密。這個老婦人一直到死都

在忍受著極度貧困所帶來的一切不舒適。她在屋子裡儲藏了這麼多的錢，多得足以保證她過上最舒適的生活，然而這麼多年來，她卻讓自己成為附近鄰居們和政府的負擔。

有一個老婦人在紐約的街道上乞討，當她因為沒有行乞許可證被拘留時，員警發現她的腰間纏著一筆錢，居然有 1,800 多美元。這個老婦人將自己的錢儲藏起來，卻過著乞丐的生活。

在美國威斯康辛州肯諾沙縣的一戶人家裡，三個孩子找到了一筆 2,500 美元的紙幣，包在一條手帕裡，並放在床墊下面。他們把這些錢扔到火爐裡，看著它們燃燒。後來，那些餘燼被送到華盛頓，以期其中的部分殘幣能被鑑定出來，可以拿到銀行裡兌換。這些孩子的父母把錢儲藏起來，最終卻被孩子們一把火燒盡。

最近，一個優秀的政治家、美國參議院議員去世了。他遺留下了將近 25 萬美元的現金，全都儲藏在保險箱裡。這個人把自己的錢儲藏起來，使得這筆錢不可能讓他自己或其他人得到絲毫益處。

搶劫者闖入美國密蘇里州一個小鎮的一戶人家中，從一位退休的商人那裡偷走了 2,000 美元的現金。這個商人把這筆錢儲藏在一個不會讓任何人受益的地方，直到搶劫者一把搶走。現在這筆錢再次進入了貨幣流通，就連這筆錢最初的主人也能從中得到一些間接的益處，但是當那筆

錢被藏在家裡時，對他卻是沒有任何用處的。

　　一家大型連鎖公司的分店遭遇搶劫，被搶走了6萬美元的現金，其中有一部分錢因為搶劫者使用了爆炸物被炸成了碎片。這家公司將錢儲藏在竊賊非常容易得手的地方，但那些竊賊的行為使得這筆錢灰飛煙滅，他們也得不到那些錢了。

　　去年，一個十分有名的汽車零配件老闆的遺孀去世了。人們在她一直帶在身邊的那個舊手提箱裡找到了25萬多美元，現在這些錢都成了她女兒的財產。這個女人把這麼龐大的一筆鉅資藏起來，不會讓她自己、她女兒和其他人得到任何益處。現在，她女兒的監護人已經把那些錢存儲在一個地方，可以重新進入貨幣流通，而且每年都會為其擁有者賺取大約1萬美元的利潤，而不是把這筆錢放在手提箱裡，緊緊抱住不放，讓這筆錢在裡面睡大覺，而且一待就是好幾年。

　　儲藏金錢，並不一定就是儲蓄金錢。儲蓄下來的錢應該存放在一個安全的地方，而且還要讓它們為其擁有者工作。至少就暫時來說，這個安全的地方就是銀行。在積累了夠多的錢之後，就可以用它們來投資房地產、債券、抵押物，或者購買其他證券或資產。

　　一個人儲蓄下來的錢，應該讓那個人和其他人都受益。儲藏在口袋裡或者隱蔽在某個地方的錢，對於其擁有

者來說，沒有任何價值，只不過是一疊同等數量的白紙而已。

把錢儲藏在祕密的地方，只能證明這筆錢的主人是一個愚蠢或優柔寡斷的人；把錢儲蓄起來，卻能充分證明這筆錢的主人是一個明智、意志堅定、富有遠見的人，而且他正走在通往經濟獨立的道路上，將來一定會過著愜意舒適、知足常樂的生活。

第 **17** 講
戒除「購買無用之物」的習慣

> 「我們的慾望大都不是天生得來的，而是透過教育和興趣。」
>
> ——菲爾汀（Fielding）

在最近幾年裡，許多人養成了許多習慣。現在，人們必須打破這些習慣，否則就會被自己的習慣打敗。

在最近幾年養成的這些習慣中，最為突出的就是「絲綢癖好」。每一樣東西都必須選用絲綢來做，也不管絲綢是不是最適合使用的材料。在許多情況中，棉料或毛料或許會好用得多。在最近的一年中，我們為了購買絲綢，每天都會把上百萬美元的資金送到大洋彼岸去。這筆錢比美國政府在同年徵收的進口關稅還要多。

其次就是「汽車習慣」。有些人本來需要多走走路，多運動運動，以保持健康的體形，但是，只要需要走上三個街口，他們就會把汽車開出來；如果需要走半哩遠的路，他們就會伸手攔下一輛計程車。

如果我們真打算存錢，並獲得經濟獨立，那麼我們必

須在一定程度上糾正另一個習慣——「旅行習慣」。為了工作而出差旅行，是有必要的；為了休養身心或者深造學習而旅行，是值得提倡的。但只是單純為了從一個地方移動到另一個地方而旅行，已經成了許多美國人的習慣，還是一個花費高昂的習慣。

其中最不好的、影響最深遠的，同時還是最難克服的習慣，就是購買無用之物的習慣。現在，這種習慣依然鉗制著大多數人。在過去的幾年中，許多人拿到手的錢比以往任何時候都要多，其中很大一部分人就養成了購物習慣——購買無用之物。

這種習慣已經滋長到幾乎令人難以置信的程度。在「購買無用之物」的習慣中，有一些非常突出的事例：一個買了二十二頂帽子的男人；一個買了十四雙低筒鞋和七雙高筒靴的女人；一個買了二十二條毛皮圍巾的女人；一個在同一座房子裡配備四架鋼琴的家庭；一個擁有一輛摩托車和兩輛小轎車的工人，還有一個聲稱自己有五十六件絲質襯衫的推銷員。這些人都是極盡鋪張浪費之能事的例子，但是其中沒有一個是富人，甚至連「小康」也算不上。除了那個愛好鋼琴並在家裡配備了四套樂器的人以外，他們之中沒有一個人擁有自己的房子。

只有當一個人的收入縮減一些，才能打消他僅僅為了享受花錢的樂趣而滋長的購物狂熱。如果那個人的收入還

沒有縮減，只要他願意把自己要購買的東西限制在他需要的或者真正用得到的東西上，肯定能省下一些錢。

「如果你依照本性的需求來生活，你將永遠不會貧窮；
　如果你依照他人的想法來生活，你將永遠不會富有。」

——塞內卡

第 **18** 講
不積小流，無以成江海

> 「通往財富的道路和通往市場的道路一樣平坦——它憑藉的是兩個詞：勤勉和節儉；也就是說，不要浪費時間和金錢，而要使它們發揮最大的效用。」

有些商人、生產者，以及其他一些企業家聲稱：「只有當人們停止存錢，並自由自在地花錢，經濟才有可能走向全面的繁榮昌盛。」有些時候，商人們認為：銀行和理財機構很有可能會傷害經濟，因為這些機構都鼓勵人們把錢儲存起來。

只有那些把錢儲藏起來的「守財奴」，才會因為積聚了太多的錢而傷害經濟，那些節儉的人和存錢的人則不會。把錢節省下來，並把它們存放在銀行裡，就會重新開始發揮流通貨幣的作用，這絕對不會傷害或阻礙經濟的發展。

如果沒有人存錢，沒有人累積基金，那麼房地產商該把房子或地皮賣給誰呢？如果沒有人存錢，那麼建築承包商該為誰建造房子呢？如果在任何時候都沒有人積聚一定

數量的錢，那些木材商、水泥商、門窗商、房屋管線裝配商又該為誰服務呢？這些人又該將他們的商品賣給誰呢？

如果不是因為那些節儉的人和存錢的人，鋼琴商可能永遠都做不成一筆生意。如果人們不長時間省錢並存錢，一心期盼著有一天他們能擁有一台新的留聲機、餐廳設備，或者現代廚具，留聲機商人和家具商很可能連一次現金交易都做不成。

當前，有一種印象似乎很流行：只有那些喜好揮霍的人才會買那些精巧的商品。事實並非如此！喜好揮霍的人只會浪費錢，在錢花出去之後，就沒有任何可以炫耀的價值了。

生活中那些精巧的、貴重的、有價值的、漂亮的東西，都是對節儉之人的獎勵。今天能夠自我克制不買那些毫無用處的小東西，明天就能得到那些讓你知足的大物件。一個人把自己收入的一大部分存起來，一邊準備著實現自己在生活中比較大的渴望，不論是買一棟新房子、買一輛汽車、買一只精美的手錶，或是花錢讓其中一個孩子接受教育，這樣的人絕對不會妨礙經濟繁榮。

不管是男人或女人、男孩或女孩，那些剛剛得到一元或一角錢就等不及要花掉的人，不會為國家的昌盛做出貢獻，也不會為商人們的事業興旺做出貢獻，而他們為自己的富足所做出的貢獻更是最少的。

全體人民的繁榮富足，要視個人的情況而定。鋼琴生產商或銷售商永遠都不可能事業興旺，除非大部分的人都變得很富有。如果人們從來都不存錢，可能連一台鋼琴也銷售不出去。小鎮上的商人們事業興旺與否，取決於當地的人們是否節儉。除非一個地區有一半以上的人都是節儉的人、存錢的人，否則這個地區的商人們永遠都不可能享有全面的繁榮，或者說連盈利頗豐的企業都不可能存在。

當節儉的人把錢存入銀行時，其中大多數會被生產商或零售商向銀行貸款借走，用於生產更多的商品。這意味著會創造出更多的財富，因為在生產這些商品的過程中，不管這些商品是洗衣機、小汽車，還是又重又大的摩托車，都要雇用更多的勞動力，並且有相當大的一部分錢都會以工資和薪水的形式支付給社會，重新進入貨幣流通。如此就能保證那些投入生產的工人們能夠購買更多的商品，並且能存更多的錢，增加他們的銀行存款額。接下來，這些錢又會像以前一樣重新進入下一輪的貨幣流通，從銀行流入農場經營者手中，接著從農場經營者流入生產商手中，再從生產商那裡流到其雇員手中，然後再次回到零售商手中，最後流入銀行。

盡可能多地存錢，是通向真正繁榮的唯一道路。如果能讓每個人將自己賺來的一半收入存起來，那麼這個國家就會比它曾經享有的繁榮還要繁榮。要讓大家都明白，只

有每一個人都力行節儉，才是全民通往真正的繁榮富裕的唯一道路。個人的富足與其他人的富足是息息相關的，除非我們的鄰居們都變得富足成功，否則我們永遠都別指望能夠享有真正的富足成功。

幾年前，全美所有銀行的存款額只有100億美元，現在，這個金額已經超過了500億美元。有些人把自己的錢全部都存起來。個人把自己的錢存起來了，企業也把自己的錢存起來了，他們都把錢存進了銀行裡；銀行又把這些錢的一大部分再貸款出去，用於這個國家的發展。銀行接受農場抵押，把其中的一些錢貸給農場經營者，接下來農場經營者會存錢，償還那筆抵押借貸。當農場經營者存夠了更多錢的時候，他就會建一棟新房子，或者蓋一個新糧倉，或者買一輛新的牽引機或汽車。因為農場主的節省和儲蓄，建築材料商、農場設備的貿易商和生產商、汽車生產商就都有生意可做，有錢可賺了。

省錢並存錢，而不要把每天的收入花得乾乾淨淨，這樣做能夠為每個人帶來生意和繁榮。正是因為有了人們節省並儲存下來的錢，我們才修建了鐵路、大廈、學校和醫院。必須有人節省並存錢，否則我們永遠都不可能擁有比帳篷更好的安身立命之所，永遠都不可能擁有比羊皮更好的裹身之物了。

如果有人對你說你應該把賺來的錢全數花光，否則你

就是在阻礙這個國家的經濟發展，在破壞這個國家的繁榮昌盛，那你一定要提防這個人。當每個人都學會了如何好好生活，同時每掙一美元就存下一部分的時候，我們實現全面而永恆的繁榮就不成問題了。

錢被花掉以後，它就是被用於投資；錢被用於投資時，它就會被別人花掉；這就意味著繁榮興旺。如果真的想給國家帶來全面的繁榮，我們就必須省錢、存錢，而且要存得愈來愈多。隨著儲蓄愈來愈多，我們的繁榮也會日益增強。如果我們每個人都能儲存足夠多的錢，這個社會中的每個人就都能擁有物質生活中想要的每樣東西，這對大家來說都意味著幸福、舒適和滿足。

除非我們學會省錢和存錢，否則我們永遠學不會好好地生活；除非我們學會省更多錢、存更多錢，否則我們永遠也不可能過上更好的生活。當儲蓄變成一種習慣時，這種習慣就變成了一件樂事。

「不積小流，無以成江海。」

第19講
錢財不露白

「要賺進大筆財富需要非常大膽和十分小心；
而當你得到之後，又需要十倍的智慧去保管它。」

——愛默生

大多數罪惡的行為都是誘惑產生的結果，除非將這些誘惑消除殆盡或者最小化，否則那些罪惡將不會被消除。

在最近的幾年中，我們親眼見證了這個國家享有了前所未有的物質繁榮。每個人都有錢，幾乎人人都擁有鑽石、裘皮或小汽車，抑或同時擁有這三樣。還沒有這些東西的人們也想擁有它們，因為幾乎其他人都擁有它們。那些沒有能力或者沒有機會賺大錢的人，若非安分守己地過著最平常的舒適生活，即是想方設法地用不正當的手段謀取他們想要的東西。

正是這個時代的精神滋長了不正當的行為。我們之中的一些人幾乎和那些有過犯罪行為的人一樣，都是有罪的，因為正是我們讓這些犯罪行為成為可能。在那些行事輕率或者不幸的人面前炫耀奢華的衣服、鑽石和貴重的個

人飾品，只會激起那些沒有能力擁有這些東西的人的慾望和不安分的情緒，最後所產生的結果往往是犯罪行為。許多搶劫，甚至謀殺，都是因為有人在公共場合顯擺自己有一大筆錢，或者錢財露白而引起的。

在沒有任何保護措施的情況下，數百萬美元在這個國家內四處流通。有一個百萬富翁死了，在對他的資產進行清算時，人們發現他的妻子當時正帶著25萬多美元的現金，還有多於這個數額的債券，在這個國家裡移動。裝著這些貴重財產的旅行袋就這樣拎上火車，扔在行李間裡，然後擱在旅館的衣帽間裡。除此之外，還暴露在外。它很可能會丟失，或者被偷。

當偷東西變得很容易時，人們就會變本加厲地偷，這只是人的本性。許多被烙上小偷印記的人，要不是因為受到了巨大的誘惑，可能永遠都不會成為小偷。要想減少一直都在發生的盜竊、搶劫行為，就得讓偷竊變得無利可圖，沒有什麼辦法比這更簡單有效的了。如果那些搶劫的人發現他們每次只能撈到幾美分或者幾美元，他們很快就會意識到工作賺錢比行竊偷錢和攔路搶錢有利可圖多了。

當搶劫犯在街上攔住任何一個人，都不能再從他身上搜刮出好幾百美元時，搶劫這種勾當就會變得不那麼誘人了，而且這個人的是非道德感也會戰勝罪惡的傾向。

最近，十一個男男女女在結束聚會回家的路上開始討

論起這個話題。他們發現，透過折合成鈔票的方式，除了他們開的兩輛小汽車以外，他們隨身所帶的錢、衣服、珠寶和其他個人物品，也就是為竊賊準備的戰利品，其價值總計6萬8,000美元。他們還發現，在這些從一個規模不大的聚會回來的一小群人中，而且還是一個不需要任何花費的聚會中，這幾個人就攜帶了總計9,657美元現金。

最近幾年，一些人開始「為錢痴狂」，這是一個幾近真理的事實。他們有了錢，最大的樂趣就是炫耀自己的錢，他們的第二大樂趣則是肆無忌憚地花錢。要是在幾年前，這種粗俗的炫耀意味著會遭到社會的排斥。如果任何一個人像現今許多人一樣在身上帶著這麼一大筆現金，而且被人看到的話，他肯定會被認作是一個不正當的人，因為一個正正當當的人，在參加正常的商業事務或娛樂活動時，沒有必要隨身帶著幾千美元或者幾百美元現金。

這個國家到處都設有銀行，以便人們可以在一個城市裡存錢，然後在其他任何一個城市裡把錢取出來，用於購買商品，或者償付債務。

一九二一年，消息宣布這個國家有10億美元的流通貨幣不在銀行的時候，這個消息讓當時全國上下都無比震驚。自從消息公開後，銀行的存款額就增加了。現在，這些錢中的一部分幾乎都是安全的，不會被竊賊偷走，或輕易丟失。

第20講
把錢存進銀行裡

「最大筆的生意不是遠在天邊，而是近在眼前。」

——卡萊爾（Carlyle）

　　有一個向來很省錢的婦女，誇耀說自己在家裡藏了七張100美元的鈔票。她的丈夫和兒子都在做生意，需要信貸，因此他們都在向銀行貸款。這位婦女可能從來都沒有想過，如果把她那七張100美元的鈔票存進銀行裡，銀行就會提供5,000美元的信貸，如此她就能為丈夫和兒子緩解一下信貸行情。

　　一個工人將3,100美元的鈔票藏了起來，最後失去了工作，因為在淡季來臨的時候，他的老闆沒能從銀行裡借貸足夠的錢付給他們工資。現在這個男人在花他那筆3,100美元中的一部分錢，而他本來是能保住那份工作，他的那筆錢也應該還存在銀行裡，每個月還能為他賺取將近8美元的複利。

　　那個女人的700美元和這個工人的3,100美元留在自己手中，並不會緩解信貸行情，但他們只是其中兩個人，

還有成千上萬個草率的人都曾做過同樣的蠢事。

流通中的錢平均到每個人身上合計只有40美元，因此如果每個人都藏著或隨身攜帶40美元的現金，那麼這個國家就沒有錢用來經營生意了；在三萬家銀行之中，不會有任何一家銀行存有1美元的現金；任何一個商人的收銀台或現金櫃檯裡也都不會有1美元的現金；所有的企業都不得不關門大吉，停止營業；我們的聯邦政府、州政府、市政府，以及所有的公司、事務所都將垮臺、破產。如果每個人的口袋裡裝著或者在家裡藏有40美元的現金，這些情況就很可能會發生。尤有甚者，許多人受到錯誤的指引，手中握著數百數千美元的現金，卻不讓它們進入貨幣流通，這樣不僅會給整個國家帶來巨大的損失，同時他們給自己帶來的損失更是最大的。

最近，一個小偷被逮捕了，他擁有14萬美元，所有的錢都是他從其他人的口袋裡搜刮出來的。如果這些人把口袋裡的錢都掏出來並存到銀行裡，那個小偷可能就會努力工作以維持生計了。當所有人都這麼做的時候，大多數搶劫犯要不是餓死，就是去工作，這個國家的經濟將會繁榮起來，而我們積攢的錢也會在一個安全的地方為我們賺取利息收益。當我們需要時，就能隨時把錢取出來使用。

最近，在一家大型的百貨公司裡，一個女士的1,200美元現金從她的手提包裡散落。有許多雙手幫她撿，但最

後她發現自己只拿回了840美元。如果之前她把這筆錢存在它們本該屬於的地方——銀行,如果她丟失的是銀行存摺,那麼這筆錢仍會原封不動地回到她手上,不會有任何損失。

今天就把那些錢從食品罐裡倒出來;把那些鈔票從床墊下面抽出來;把那些錢從地毯底下翻出來;把你的口袋掏個底朝天,然後去開一個銀行帳戶,或者把它們存到你現有的帳戶上,讓所有的錢為你賺取利息吧。

第21講

過度消費

> 「財富是所有事物中最受人尊敬的，也是世界上擁有最大力量的東西。」
>
> ——尤里庇得斯（Euripides）

在過去的幾年中，相當多的人都變得富有了，還有相當多的平民百姓都步入了小康。在一九一四年以前，從來不曾擁有第二套好衣服的人，現在都住在屬於自己的房子裡，開著屬於自己的汽車，其中有許多人靠著自己雙手的勞動獲得了足以過上舒適生活的財富。在戰爭期間，只冒出了少量的新百萬富翁，但同時卻有多達一個軍團的人從相當貧窮變成了相當獨立。在過去的五年時間裡，有些人收入頗為可觀，但他們仍覺得每個月最後一天得到的工資很難付清下個月第一天收到的帳單。這些人都是過度消費的人。「過度消費」是讓我們一直處於憂心忡忡狀態中的一件事情，而且我們試圖給它重新命名為「生產不足」或者「供不應求」。

但是，過度消費的本質在於過度消費勞動力。我們沒

有權利要求一個以上的勞動力供應我們的需求。每個人只能產生一定的勞動量，不管是腦力勞動還是體力勞動，而且每個人都有權利消費那個數量的勞動力，不能消費更多。如果我們生產的東西比我們消費的東西還要多，而且惟有如此，這個世界才會變得愈來愈富有，這個國家才會變得愈來愈富有，每一個人才會變得愈來愈富有。當這個國家超過一半的成年人口所生產的東西比他們消費的還要多的時候，這個國家才會變得愈來愈富有。那些對「生產不足」、「供不應求」或「過度消費」的抱怨就會銷聲匿跡。

> 「與其說是一個人擁有的巨額財富使他獨立，不如說是他慾望的渺小使他獨立。」
>
> ——科貝特（Cobbett）

第22講

真正的節儉是謹慎地花錢

「勤勉已經附帶著最公平的果實和最豐盛的報酬。」

——巴洛（Barrow）

　　有一個不幸的事實，當我們賺最多錢的時候，我們節省下來的收入卻最少。看來要遭受一點經濟方面的窘境，我們才能意識到節儉和存錢的重要性。

　　美國人從來都沒有認真地學習應該如何節儉地生活。

　　大多數人想當然地認為，從每個星期的工資袋裡節省出1美元或5美元，或者從每年的收入裡節省出10%或20%的錢，就能證明他們是節儉的人了，然而事情根本不是這樣的。

　　節儉並不在於每個星期省下1美元。最近，美國節儉協會主席斯圖拉斯（S.W.Streaus）給節儉下了一個很好的定義，十分通俗易懂、清楚明白又易於理解。那就是：

　　「每個星期存幾美元，並不一定就能成為一個節儉的人。節儉不僅只意味著金錢，它還意味著個人效率，意味著深謀遠慮，意味著小心謹慎；它也意味著清醒理智、正

當守法和自我控制，同時意味著成就高尚品格的各個層面。它一方面能消除吝嗇，另一方面還能消除奢侈。當我們建立了節儉的觀念時，我們就建立了高尚的品格。」

真正節儉的人會生活得很好，會償還他所有的債務，會慷慨地付出勞動，會為他的家人提供所有必需的用品，讓他們過著真正舒適和快樂的生活。他花掉的每一美元都能證明他的節儉。他的錢都花得很值得。他買那些經久耐用、實際有用的東西，絕不會不明智地買那些華而不實的東西。這樣的人會買富含營養的食物，並且會在當季的時候購買。他會買那些質地良好又經久耐穿的衣服，而不會買那些極度流行、風靡一時的東西。他會向自己認識且值得信賴的商人購買商品，而且這些商品他能夠親眼查看並親自檢驗。他可能擁有一輛汽車，但他絕不把它漆成炫亮的鮮紅色；他可能擁有一架鋼琴，但絕對不會用象牙和黃金來裝飾；他可能也會給服務生和搬運工小費，但不會一出手就是面值100美元的綠色美鈔；他可能會去劇院，但他不會是每場音樂劇首映場的常客；他可能會雇用一些僕人在家裡，但不僅僅是為了充面子。真正節儉的人是那些賺到了錢又知道該怎麼花的人。

幾個月以前，一位真正的成功人士發表了他的觀點，他的名字也許眾所周知。在他看來，如果這個國家的每個人在花錢的時候都能像他們在賺錢的時候一樣，認真地用

用腦子，花點心思，即使花費比現在的支出還要少的錢，也能過上比現在更好的生活。他說他的成功是從偶然的一天開始的，當時他突然決定，如果可能的話，他要花更少的錢，過更好的生活。最後，他發現這是完全有可能的事，而且現在他已經進入了大富翁的行列。他有權獲得他的財富，每個人也都有權做同樣的事情。

我國的一位大富翁，在開創現在這份事業的時候，他的一日工資只有現在這個國家收入最低的勞動者的一半。他說：「現今這個世界，最需要的就是實幹和節儉。這不僅僅適用於體力勞動者，也同樣適用於擁有巨額財富的人。在今天的美國，遊手好閒的人沒有立足之地。」這個人就是查理斯‧M‧施瓦布（Charles M.Schwab，美國著名的鋼鐵大王、伯利恒鋼鐵公司總裁）。

弗蘭克‧克萊恩（Frank Crane）牧師曾在報紙的一篇文章中引用施瓦布先生的話時說：「施瓦布先生還應該補充一句：『在今天的美國，揮霍浪費的人也沒有立足之地，不管他是富有還是貧窮。』。」

在過去幾年間，節儉行為大多只局限於小康之家和富有之人。在生活中他們非常想得到許多東西，卻一直自我節制始終不買。進入這個賺錢容易的時代之後，他們試圖滿足這些畢生的願望，於是一頭陷入其中，不顧一切地花費他們的收入，購買他們長期以來一直想擁有的東西，但

是往往會對最終的結果感到失望。許多小公寓和小屋子裡擺滿了各種裝飾華麗的家具、樂器、裝飾品和小古董，這樣一來留給家人的生活空間就很小了。這個家庭裡的每個成員都要滿足自己擁有某件東西的願望，使得現在有一半的東西是沒有任何用處的，或者擋住了家裡的走道。

「沒有人比那些鄙視金錢的人還更需要錢。」

—— 里赫特（Richter）

第23講
財產管理

「經驗使一個人變得細心更甚於大膽。」

—— 比林斯（Josh Billings）

　　我們所有人來到這個世界上的時候都是赤裸裸的嬰兒，一無所有。如果把今天出生的所有嬰兒都擺在一排，從他們隨身帶來的身外之物來評判的話，他們都是一樣的。范德比爾特（Vanderbilt）大家族的孩子在出生時並沒有比一個乞丐的孩子帶來更多的物品和行李。然而，前者一出生就立即得到了財富，另一個孩子卻只得到一塊裹身用的印花棉布。但是，這些東西都是擁有財富或印花棉布的成年人塞給孩子的。

　　是否第一個孩子在他的青年時代、成年期和晚年都會一直擁有財富，而另一個孩子終其一生都會生活在貧困之中呢？當他們的靈魂離開身體時，是否第一個孩子會在大理石建成的豪宅裡咽下最後一口氣，而另一個孩子卻躺在野外的塵土中死去呢？這一切取決於他們是否留意這句至理名言：「人的需求很少，但慾望卻是無窮。」

富人和窮人都面臨同樣一項挑戰 —— 管理他們的財產。

　　有錢人可能要管理土地、房子，以及巨額收入，而窮人可能只需要管理他身上的衣服和他今天所掙的工資，但是擺在這兩個人面前的問題卻是一樣的。他們之間的差距大小還不如一顆穀子和一粒沙子之間的重量差距呢。

　　良好的管理能夠讓人像水中的軟木塞一樣浮上頂端，飛黃騰達。

　　良好的管理能夠解決他們兩個或其中任何一個人的問題。

　　良好的管理會給窮人帶來財富，而缺乏良好的管理，則會讓百萬富翁淪為貧民乞丐。

　　良好的管理意味著：將成功企業管理其收支的規則和方法，同樣地運用到管理個人財務上。企業要想盡辦法將其運營成本降至最低。

　　要減少開銷需要想法和經驗。即使是想方設法在這裡和那裡省下半分錢，也不會被認為是微不足道的小事。沒有任何節儉行為是無足輕重的，因為企業充分認識到：即使是極小量的浪費，日積月累，到了年底的時候，也會變成一個大漏洞。從收入裡面減去要支付的開銷，剩下的部分就是利潤。但是，不要想當然地認為，企業會將每年所有的利潤都移交給企業的擁有者。這是絕對不可能的！一

部分利潤要儲存起來，這一部分被稱為「償債基金」，那是一筆儲備基金，是為極端情況時的需要而準備的，是用來擴大企業規模的，如此一來，以後的收入還會不斷增長。

在支付完開銷、存儲償債基金之後，剩餘的收入才會進入企業擁有者的口袋，任由他們花用。

這是你用來管理自己收入的方法嗎？你是不是也像企業所做的那樣，遵循同樣的良好管理原則，來管理你的個人財產呢？你有沒有仔細尋找家裡或日常生活中的「運作成本」漏洞，並設法堵住這個漏洞呢？你是不是先買那些必需品，然後儲存你的償債基金，最後，而不是在那之前，才購買你想要的東西和生活中可有可無的東西呢？

有些時候，在支付完必需品之後，一個企業的償債基金會耗盡剩下的所有錢。有些時候，這家企業的收入還不足以填滿這三張嘴，而只能滿足兩張嘴的需求——必要的開支和償債基金。當這種情況發生時，一個期望向前發展而不是向後倒退的企業，不會侵占本應該屬於償債基金的那部分錢，也不會為了任何目的從償債基金裡面支一部分錢來花用，除非是為了挽救這個企業本身的生存。

準備一筆償債基金，也就是一筆儲備基金，是除了必要支出之外的首要需求，是有效地管理企業事務或個人事務極其重要的必需之事，不管這個人是男人還是女人，是

男孩還是女孩。償債基金的重要性緊跟在必要支出之後，位居其次，但絕對不能落到第三，不能像下面這樣排列：

（1）必要支出；（2）你想要的東西；（3）償債基金。

先生，女士或小姐，不管正在閱讀這些文字的你是什麼人，千萬不要那樣做！

償債基金是第二順位，在必要支出之後，最有智慧、最富經驗的生意人都會承認這一點。他們早就放棄了試圖改變這條永恆不變的法則——當其他所有事情都勢必順流而下時，他們就不再試圖逆流而上。但是你能想起來的一些愚蠢之人，在這個時候仍然試圖逆流而上，仍然把償債基金排在最後面，排在其他所有事情的後面。把你的家當成一個企業來管理吧！或者，如果你還是孑然一身，你自己吃飽了，全家就不餓，不需要供養任何人，那就把你自己的事當成一個企業來管理，就像一家經驗豐富的商行管理其資金一樣，管理你賺進來和花出去的錢吧！讓你的父母子女成為史密斯公司或約翰公司（隨便你怎麼命名）的一員吧！然後按照企業管理的規則和方法來經營這個家。要讓這個家庭擁有和成功企業一樣的繁榮興盛，最好的途徑就是沿著成功企業的道路走下去——不要試圖另外開闢一條自己的路。

「自然的法則就是：做點事情，你就會擁有力量；不

做事情的人，就不會擁有力量。」

以下是節省十萬英鎊的計畫：

「我的忠告不會花費你任何東西；如果你不會因為我的忠告而生氣，我保證，即使你不聽取我的忠告，我也不會冒犯你。

（1）當你想買新衣服時，首先好好看看那些舊衣服，看看你還能不能穿著它們再過一年。

（2）當你想買中國瓷器、印花棉布、印度絲綢，或者其他任何容易損壞的東西時，我不會如此苛求你，堅決要求你徹底打消這個念頭。我建議把這個計畫推遲到下一年，如此一來，在許多方面或許會避免你將來某個時刻後悔。」

這些話都是出自班傑明·富蘭克林之口。他還說過一句話：

「財富並不屬於擁有它的人，而是屬於享用它的人。」

第24講
戒除浪費

「人類的心智對於命運和未來的事物愈是盲目，當他們處於繁榮而得意時，就愈是不情願節制。」

——奧維德（Ovid）

美國幾乎應該被重新更名為「浪費者的天堂」。做為一個民族，我們要處置的最大犯罪就是充滿罪惡的浪費。浪費無異於犯罪，因為你扔掉的東西或許可以挽救一條生命。如果你扔掉了那件東西，你就應該對失去的那個生命負責。有一點真是難以置信，美國生產出來的東西，只有大約一半是用於有益的意圖，另一半則沒有發揮任何用途，或者被白白浪費掉了。

要對這種浪費負責的不僅是美國的垃圾桶。在田野裡、森林裡、礦井上，在生產原物料的地方，浪費就開始了。在原物料運往工廠的過程中，在生產加工的幾個環節中，浪費持續著。接下來，在將商品運送到經銷商或批發商的過程中，浪費依然在繼續，而且在用促銷手段推銷商品的過程中，在零售商的配送系統中，還能找到浪費的蹤

影。再接下來，是最後的浪費，但其浪費並不是最少的，這些浪費來自一些消費者。他們購買自己不需要甚至是自己不想要的東西，其中有些東西他們甚至永遠都不會使用。一方面既浪費他們自己的錢，另一方面又會導致這些買後卻不被使用的物品過度生產。

浪費充分地表現在我們生活的每一個場所之中。請容我們向你列舉一些如同家常便飯一般的例子吧：

一個有錢人的車庫裡有十四輛小汽車，姑且稱他作「車庫老闆」吧。但是其中有兩輛車在一年間連一次都沒有開出去過──浪費！

最近，一個技藝精湛的工人開著他價值3,000美元的汽車，趕往他上班的地方。結果他遭遇了冰雹雨和暴風雪的惡劣天氣，翻了車，車的內部受到了極大的損壞，車的外表也沒有剩下一點好的地方，最後他只好把車扔在大街上──浪費！

聯邦政府、州政府、市政府、生產商，以及各種社會團體，都印製了數百萬計的宣傳手冊或廣告傳單，卻從來沒有發放出去──浪費！

某個大城市市政府的某個部門，要給列在發薪名單上的八十個人發放工資，但是，他們當中沒有一個人行使過任何職責，履行過任何義務。這是政治職務，也是一種──浪費！

今日，整個歐洲的當季食物比我們這個國家的要便宜得多，原因就在於我們的——浪費！

有人把玻璃瓶扔到公路上，砸碎了瓶子，害得來來往往的運輸卡車和汽車接連爆胎。這個人犯下的一大罪過就是——浪費！

將舊報紙和舊雜誌焚之一炬，而不是進行廢物回收和再利用，這是不容辯解的——浪費！

大多數大城市的公共垃圾場堆滿了可回收利用的瓶子和易開罐。這是存心的——浪費！

任由家裡、工廠，或其他建築周圍的水落管（編按：其用途為將雨水從屋頂排至水溝）、牆上的托架，以及其他金屬製品，因為沒有上漆而生銹導致不能使用，這些例子是最司空見慣的——浪費！

當人離開時，賓館房間、辦公室、商店、工廠或家裡的電燈或煤氣燈，在不用的時候仍然亮著。這些人犯下的一大罪過就是對燃料的——浪費！

當不需要用水，或者在用完水之後，卻任由水龍頭開著，這在一些情況下是違反法律的，而在所有情況下都是一種——浪費！

當人們需要燃料以免凍死時，卻把舊木材、箱子，以及鐵軌枕木隨意地焚燒掉，這是一種無情的——浪費！

明知道紙張短缺，去隨便一家商店看看那些大批的包

裝紙，親眼見證一下——浪費！

明知道煤塊短缺，去檢查隨便一個灰堆裡的煤渣，親眼見證一下——浪費！

明知道有些窮人衣不蔽體，去看看自己塞得滿滿的衣櫃，親眼見證一下——浪費！

節儉的真正定義是「消除浪費」。如果所有人都能將自己浪費掉的所有東西存進銀行裡，那麼很快地，所有人就都能獲得經濟上的獨立。

「我們一定要用雙手一株株地播種，而不是直接整袋倒下去。」

——希臘俚語

第25講
每天節約10美分

「作為一個年年不斷發展、人口不斷增長的國家，美國愈來愈強烈地反感於不必要的浪費。」

當我們的祖先來到美國這片土地上的時候，他們都來自「舊世界」，在那裡，人們厭惡任何一種浪費行為。每一個熟悉歐洲家庭生活的人都知道，他們烹飪的食物不會超過一餐剛好夠吃的分量，而且不管剩下的一小份飯菜是什麼，他們都會把它盛在某個裝剩菜的盤子裡，下次再吃。他們使用燃料非常節儉，房子的租金也控制在最便宜的範圍之內。這個家的女主人會密切地關注整個家庭的支出，而且哪個人要是讓家裡的開銷超過了慣常的數額，她就會警告他，將對此負責。

理解並力行節儉的學問，是由母親傳給女兒，這樣一代代傳下來的。當女兒來到美國，開始組建自己的家庭時，就已經變得訓練有素了。如果她繼續力行節儉，幾乎肯定能給她本人和其丈夫帶來富裕繁榮。在許多城鎮和鄉村裡，愈來愈多的人意識到，「舊世界」養成的節儉好習

慣加上「新世界」的機遇和富足，必然會給人們帶來財富。

　　一個積極向上、勤儉節約的人，不管他是男人還是女人，首先要明白的一點就是：浪費和炫耀是錯誤的，是虛無的。他從自己周圍的一切就能看出這一點，因為美國人漸漸明白了，省錢要比賺錢容易得多。二十年前，美國的家庭主婦們扔掉的食物足以養活一家五口人。現在，她們正在閱讀，並且發現浪費和炫耀已經讓她們損失了數以千計的美元。同時她們還發現，在那些靠自己變得富裕的家庭裡，根本就不存在浪費和炫耀的現象。

　　只有窮人才會浪費——這裡所謂的窮人是指任何一個沒有儲存足夠財富，不能讓自己和家人每天都過上富足生活的人。只有那些一無所有的人，才對1美分不屑一顧，才瞧不上小額的存款，才看不起節儉的生活方式。與那些損失慘重的愚蠢之舉截然相反的是富人的經營能力，他們鄙視浪費，認為1分錢或者是五分鐘的電費都是有價值的，應該裝在自己的口袋裡，而不會將其轉交到其他某個人的口袋裡。

　　富人們都意識到，每一件東西，從一個煮熟但冷掉了的馬鈴薯，到掉在地上的一根大頭針，都值得保留下來，然後再次利用。為了節省10美分去買一個價格便宜點的東西，他們願意走上一段相當遠的距離。

正是那些富人，能夠以節儉為主題給窮人上一堂有價值的課。

正是那些富人的妻子，知道如何用一些材料親手為自己和女兒做衣服，而那些材料到了窮人的妻子手中，就會被當作毫無價值的東西，棄如敝屣。

沒有人會故意把1美元的銀幣扔在他經過的小巷子裡，但是為什麼他會轉而以浪費食物、浪費衣服的形式把這1美元扔掉呢？這是一個很簡單的常識，但是這種常識是富人的「幸運星」。這種常識會讓任何一個人獲得財富，只要他們真心地希望擁有財富。

停止個人的浪費和家庭生活帶來的浪費吧！好好學學生活的技巧吧——這是一種財政上的技巧，與管理一家大型百貨公司的技巧如出一轍。如果你付錢買的是一磅（十六盎司）的東西，就不要接受十四盎司的分量。

等普通的必需品價格低廉的時候再去購買，而且要買得夠多，多得足以讓你度過價格高昂的那段時期。當然，這一點只適用於那些不會變質的東西。善於持家的主婦甚至知道如何預備一些容易變質的東西，比如雞蛋和奶油，來應付這些食物在初春季節的高昂價格。

在我們這個國家，家庭生活造成的浪費是最嚴重的浪費。在美國，每天扔掉的食物足以養活半數以上在歐洲忍饑挨餓的人。

企業會嚴格地理解並力行節儉。他們甚至會學習如何在最微不足道的細節上節省一分一厘，比如：給他們的員工發放鉛筆，或者安裝一盞電燈。

　　「如果在美國的每個人每天都能節約1分錢，那麼一天下來節省的金額總計為1,000萬美元，一年下來節省的總額就會高達36億5,000萬美元。這比這個國家流通中的所有貨幣的金額還要多。」

　　嘗試做做這件事，試行一個月：每天都少用某件東西，節省10美分；或者可以買一塊便宜點兒的肉，節省這10美分；或者把你平時習慣雇人做的某件工作留著，親自動手做，節省這10美分。

　　一天節約10美分，就能保證一個男人擁有一年四季需要的所有衣服。

　　一天節約10美分，就能保證一個女人每年冬天都有暖和而時髦的冬裝。

　　一天節約10美分，就能保證子女接受教育，等到孩子長得大一些了，需要上學的時候，這筆資金也準備好了。

　　下定決心：好好安排我的事情，如此一來我的工作就會成為一種樂趣，我的開銷會減少，我的賺錢能力會增加——最後，我就會擁有更多的時間，更多的樂趣和更多的財富。

第26講
力行節約並非貧窮

「浪費並非貴族氣派的行徑——而是粗俗低下的。」

一個說話風趣的愛爾蘭女僕說：「只要看一看垃圾箱裡的東西，我就能夠判斷我的女主人是不是一個貴婦人。」她繼續說道：「她來自一個古老的家族。他們接受過教育，會非常巧妙地利用剩飯剩菜。他們從來不會把一片麵包皮扔進垃圾桶裡。此外，你永遠都不會看到一個真正的貴婦人把她家的舊家具扔到大門外面，然後從商店裡買回一大堆最新樣式的桌子椅子。但是不久前還一貧如洗的女人會認為，把錢當作樹上凋零的落葉一樣，揮金如土、一擲千金才是合乎貴族氣派的事情。她不知道其浪費和奢侈的行徑無異於為她掛出了一塊電子告示，標明她是一個無知、沒有品味且裝腔作勢的人。她費盡心思所做的一切，只會讓人們認定她不具有貴族氣質！」

這個愛爾蘭女孩說的是那些有錢雇得起僕人的家庭。她不知道的是，那些真正的窮人和那些財力有限的人，甚至往往比那些剛變得富有的人更加浪費，更加喜歡擺架

子。

　　一些錯誤觀念誤導了他們，讓他們認為在家庭管理和個人支出方面力行節約，是貧窮的表現。他們愚蠢地認為，要想成為一位紳士或淑女、貴婦，就得表現出一副對錢毫不在意的樣子。對他們來說，「節儉」這個詞意味著某件令人感到難為情的事情。但對於那些頗有建樹的富人來說，「節儉」意味著「最明智地花錢和花時間購買必需品」，在買好必需品之後，「節儉」就意味著「合理地分配和利用存留的任何東西，為我們的生活產生最大收益」。

　　這是一個關於社會經歷和素養教育的問題——不是在學校的教室裡得到的教育，而是透過與人打交道得到的教育。「對有些人來說，轉變觀念是讓他們變得節儉的最好行動了。」一位著名的家庭事務顧問說。轉變觀念，就能讓數以百計的美元——現在用來購買相較於食物、溫暖、房子、衣服或受人尊敬的社會地位等較不那麼必需的東西——保存在一個家庭的錢包裡，好好地看看你自己的觀念，就像你無偏見地看待鄰居的觀點那般，反覆地仔細審查一下自己的觀點。你有節儉的意識和常識嗎？你腦袋裡的節儉意識，與祖輩好幾代都很有錢的古老家族有什麼聯繫嗎？如果是這樣的話，你已經發現了如何得到你想要的那種生活的方法。

　　從來都沒有一個時刻像現在這樣——理智更加大聲和

明確地建議我們要牢牢地保持節儉這個好習慣；從來都沒有一個時刻像現在這樣——不管是個人還是國家，都更加需要真心誠意、實實在在地力行有建設性的節儉行為。

「對每件東西都斤斤計較的人，是不容辯解的吝嗇鬼；對任何東西都漠不關心的人，是不容辯解的狂人。正確的做法是：省下錢，不買那些最沒必要的東西，然後花更多的錢，大量地購買最需要的東西。」

——哈利法克斯（Halifax）

第 27 講
最有價值的錢

「我們最難得到的東西，保存的時間最長，同樣的道理，那些透過自己努力賺錢的人，往往比那些繼承遺產的人更加珍惜自己得到的錢。」

如果所有的錢在你看來都是一樣的話，那麼你一定需要好好訓練你的眼力，以便能更看清錢的價值。

粗略地說來，正常流通中的錢分為四種不同的類型：「輕鬆得來」的錢、「設法掙來」的錢、「辛苦賺來」的錢，以及「積存起來」的錢。到目前為止，「積存起來」的錢是其中最有價值的錢，因為它是一分一分累積出來的。要比「輕鬆得來」的錢和「設法掙來」的錢更有價值。同時，它也比「辛苦賺來」的錢要有價值得多。

為什麼說「積存起來」的錢要比其他種類的錢更有價值呢？因為「積存起來」的錢會伴隨你更長時間，你也對它的瞭解更深。一個萍水相逢的人從你的生活中淡出，你不會非常在意，但如果你失去一個特別親密的朋友，你會感到非常傷心和痛苦。你知道要給那位親密朋友一個很高

的評價，然而一位點頭之交的離開，只不過是你人生經歷中的一件小事罷了。

「輕鬆得來」的錢幾乎總是有著長長的翅膀，像燕子一樣靜不下來，永無安定的時候。它們是那種「剛剛得到就會立即失去」的錢，一點兒都不穩定。「來得容易去得容易」這個詞語常常被用於形容這種錢，而且選用得非常恰當，因為這種錢就像長著翅膀一樣，它們會輕易地飛來，也會輕易地飛走。

「設法掙來」的錢，幾乎和「輕鬆得來」的錢一樣不穩定。設法掙錢遠比節儉存錢容易得多，這是每個金融家都已經認識到的事實。

「辛苦賺來」的錢的翅膀可能會短一點兒，而且在飛走的時候比「設法掙來」的錢要慢一點兒。它們飛走得有多迅速，取決於你賺取這些錢時的辛苦程度。所以只有積存下來的錢才是留下來的錢。它們像勤勞的蜜蜂，而不像永不安定的燕子。當你辛苦賺錢，並將其中一些錢儲蓄起來的時候，它們就會為你工作。「有用」和「安全」是這種錢的兩大天性，已經深入到它們的骨子裡了。

或許你會說，所有這一切都是比喻性的說法，而且有些誇大其詞。當然，這是比喻性的說法不假，但是並沒有誇大其詞。每一個字都是活生生的，絕對真實。不要讓任何人愚弄了你：錢與錢之間是有區別的，它們在「儲存品

質」方面有著根本的區別，因此，它們在價值上也有著根本的區別。你買蘋果的時候，會挑選那些可以存放的蘋果，你會問它們是不是「適合存放」。

　　在錢的問題上，為什麼不堅持同樣的要求呢？一切都在於你。只要你願意，就能擁有那種錢。它們和其他種類的錢一樣都是從同一個模子鑄造而成的。你自己就能賦予它們真正的「儲存品質」。如果你把它們存進一個帳戶裡，以備不時之需，並且讓它們在那裡待上很長一段時間，長得足以讓它們變成「醃肉」，並在那裡「生根」。我在這裡使用了一個樸實無華的詞語，就像家庭主婦將家裡需要吃的肉醃製好儲存起來一樣。你要讓你的錢接受一次必需的、無可匹敵的煉金術，以改變這些錢的性質和種類，並且消除這些錢的不穩定性。將你的錢當作「醃肉」，存進銀行這只大木桶中吧！然後，你就會擁有一大筆美元了，並且是最有價值的那一種類。

第28講
什麼是奢侈

假如要求你對「奢侈」這個詞進行定義。沒有兩個人會以完全相同的方式來看待這個問題，因為對一個人來說是奢侈的東西，對另外一個人而言可能是必需品。舉例來說吧：對於一個鐵道工程師來說，一只價值100美元的手錶算不上是奢侈品，因為不管是對他自己的生活來說，還是對他的乘客來說，在一定程度上都依賴於他那一只精準到每一秒的手錶。但是對於不同工作種類的人來說，儘管他們的收入和那位鐵道工程師的收入一樣多，若一只便宜一點兒的手錶就能滿足所有需要，他們還花100美元去買一只手錶的話，那就是愚蠢又奢侈的行為。

還有一個事關穿著的問題。對於一位推銷員或者一個在生意場上經常與許多人打交道的人來說，如果他什麼衣服都穿，就是不穿得體合身、樣式時尚、整齊乾淨的衣服，即使他花了不少錢在打理外表上，仍是一種「奢侈」。因為他的外表是他的一部分資本。如果他們忽略自己的外在儀容，或者捨不得在這一方面花錢，以他的情況來說，倒是一種奢侈行為。但一位會計，或是那些在室內

工作的人，他們不需經常與公眾打交道，就不應該過分講究穿著打扮，只要滿足工作對著裝的要求就可以了。對於繪圖師、機械師，或者建築師來說，當他花50美元買一本工作領域內的專業指導書籍時，他可能被認為是在嚴格地力行節儉，但是他沒有必要花50美元買一套衣服在工作的時候穿。

綜合以上，當我們討論「什麼是奢侈」的時候，得到的答案表明，對於一般人來說，這個論題甚至比「要是華盛頓活到了今天，他會做什麼？」或者「是誰引發了戰爭？」之類的問題更加具有爭議。

對於舒適、健康，或者你的事業發展來說，不那麼必需的一切東西就是奢侈行為。我這裡說的「你的事業」，意味著許多東西。對於男人來說，他們的事業就是賺錢、維護同事關係、贏得他人的尊敬、把生活當成戰場，每天打拚，迎接每天的勝利或失敗。這其中包括他的友誼、他的習慣，以及為自己和家人的未來打算。對於女人來說，她們的事業就是愛情、婚姻、在她認識的女人圈裡的社會地位、家人的幸福，以及對孩子們的撫養和教育。

「你的事業」就是：你是什麼人，以及你要做什麼事——不管你是誰。如果你是社交名媛，你最應該費盡心思的工作就是悉心打扮參加派對；如果你是一位忙碌的鐵匠，從早晨一直工作到黃昏，你就應該保持足夠強健的體

魄，能夠用你的前臂肌肉輕易地折彎一根鐵棍。

什麼是你的事業中的必需品？我逐條駁斥了你對「什麼是必需品」的現有概念。首先再次從基礎開始，然後重建一個新的概念，讓你知道哪些東西是你必須擁有的，哪些東西只是你想要的。用「什麼是奢侈」這個問題來檢測一下你的房子、你的生活方式、你的習慣，以及你家人的習慣。將不必要的所有東西大刀闊斧地砍掉，不要留任何情面。你在不必要的東西上每花費 1 美元，實際上就損失了 2 美元。是的，事實就是這樣！

這句話一語道破全部：「節省 1 美分和花掉 1 美分間的實際差距是 2 美分。」

以撒克・牛頓（Isaac Newton）爵士曾經非常謙虛地說，他只有一項天賦，那就是堅定不移地關注一個問題，直到將這個問題看穿看透。我們當中的大多數人都能培養出這種才能，只要我們集中注意力去做這件事。

第29講

把握當下

「時間對於太陽或星星並沒有太大意義；金錢對於非洲土著酋長也沒有太大意義；但是時間和金錢對於文明世界的人們來說代表了一切──而且時間造就金錢。」

——佚名

　　砂金非常寶貴，但是沒有時間那麼寶貴。誰會每天把手伸進砂金袋子裡，並把砂金四散在地呢？但是，你卻將更加寶貴的寶藏扔掉──那就是被白白浪費掉的時間。比這更加糟糕的情況是：要將散落在地上的一粒粒砂金掃在一起，收拾乾淨，然後再度使用，是有可能的；但是誰又能把白白荒廢的分分秒秒帶回來，並再度使用呢？

　　昨天晚上已經過去了，這個早晨也將悄無聲息地溜走。如果你能夠充分地利用這段時間，就好比趁著這段時間流走的時候，從時間的河流裡抓住了一些東西；這就好像一個人從湍急的河流中抓住了一條大大的鮭魚。

　　我們已經習慣將大約50%的時間白白浪費掉，以至於

我們從來都沒有意識到這一點。我們去自己不喜歡的地方，或做著自己不想做的事情，只是為了「消磨時間」。當每個小時都很寶貴，並能用於休息、娛樂、思考，或者學習，為我們帶來令人驚奇的豐厚回報時，我們卻在消磨時間。

商業人士在做生意的時候，浪費掉他們將近10%的時間，而他們之中很少有人能省下10%的收入，因此，他們每天浪費掉的比他們節省下來的要多得多。拾起一枚別針、省下一截繩子，並不是真正的節省。浪費時間往往是最愚蠢的行為，因為每個人通常都能更加充分地利用這些被浪費掉的時間，創造更多的利潤。

不要為那根別針和那截繩子擔心了——從今天起就節省下半個小時，將這半個小時的時間物化為你能擁有的某件東西。你可以將這段時間轉變成一個點子、一個計畫，或者更好地安排你事業上的日常事務。從時間的長河中抓住一些珍寶吧，它們就是每一天中的每個小時。

愛迪生曾經講述過一個故事：他時常在實驗室裡面吃飯，因為這樣他就可以不用花時間走到餐廳去了。當他全神貫注於某個處於至關重要階段的實驗時，他會睡在工作臺旁的一張小折疊床上，這樣他就不會在研究手頭上的問題時分心，也就能投入寶貴的每一分每一秒以完善他的想法。消耗時間，這是他負擔不起的事情，因為對於他和這

個世界來說，再也沒有什麼比用於思考和發揮這個人天賦的那一分鐘更寶貴的東西了。

在你做完了維持生計的工作之後，你是怎麼度過這段工作以外的時間呢？它又給你帶來了什麼呢？當查理斯‧M‧施瓦布不需要在鄉間的小雜貨店裡等候顧客光臨時，他將時間用於學習工程學。詹姆士‧希爾（James J. Hill）利用晚上的時間自學內陸河運輸，研究燃料的行情，因為白天他要在密西西比州一家蒸汽輪船公司的運輸部門做一般職員的工作。他直到十四歲就沒再去上學了，但是在那之後他一直堅持在課餘時間自學。

參議員威廉‧亞當‧史密斯（William Alden Smith）以前曾在一家律師事務所裡做辦公室的打雜工。當他不需要跑腿當差、清潔打掃的時候，他總是能找到一些業餘時間來學習法律。直到他二十四歲時，一直以來這麼小心翼翼利用的業餘時間讓他有了充分的準備，並通過了司法考試，最終成功地進入了律師行列。

丹尼爾‧威拉德（Daniel Willard）是著名的鐵路公司總裁。以前為了維持生計，他曾經做過燒爐工人，後來又在新英格蘭的一個鐵路公司擔任貨車司機。但是不管什麼時候他都會帶著一些書，放在火車車頭駕駛室裡的坐墊下面，這樣一來，當他不需要鏟煤加煤，或者開動火車的時候，他就能抓住每一分每一秒的空閒時間來唸書了。

尤斯金（Euskin）是一位藝術家、作家。不管什麼時候他的桌子上都擺放著一塊玉石，上面刻著「今天」這個單詞。這麼做是為了時時刻刻地提醒自己，不斷地鞭策自己：今天努力認真地工作，就能帶來明天巨大的成就。

　　「不要沉迷於過去，也不要幻想未來，而要抓住當下的這一刻。」
　　「你面前的每一天都彌足珍貴，你背後的那些日子都將一去不復返。」

第30講
聰明地花錢就能省錢

「當一個人擁有健康的體格、俊美的外表、許多的朋友、美麗的妻子、聰穎的頭腦、精準的口才、井然有序的房子和收納整齊的錢包時，還能奢求更幸福的生活嗎？」

——史維夫特（Swift）

　　如果你懂得應該如何花錢，那麼你就永遠不必為如何省錢而操心了，因為錢會自然而然地節省下來。

　　真正的「經濟之道」在於：學會如何花錢、什麼時候花錢；知道什麼時候出手購買，而且手中隨時備好用於買東西的現金。手頭準備好現金，待適合購買某件特定商品的時機到來的時候出手，任何人都能在他們購買的大多數商品上省下百分之五，甚至更多的錢。我們購買的商品有可能是燃料、食物、衣服，或者不動產。對於每一樣商品來說，總有某個時候，由於某些原因，其價格會降低。因此，在一年之中，你從購買必需品所省下的錢中就可以累積一筆頗為可觀的銀行存款。

比較一下，在一年之中麵粉價格最低的時候購買一桶麵粉所花的錢，和你在生活中需要時才分次購買幾磅重的麵粉所花的金額，看看能省多少；再比較一下，煤塊在夏初和在十二月時的價格。你還可以比較一下，一件冬天穿的外套大衣在二月份時的價格，及其在第二年十月份時的價格。

還有一個地方能夠讓花掉的錢變成銀行存款，那就是為房子購置家具，以及選擇適合居住的房屋類型。拚命地想要住在一個太大或太貴的房子，只為求真正的家庭舒適，對每個人來說都是一個明顯的愚蠢想法。儘管如此，仍然有五分之三的家庭因為這個錯誤而變得無比悲慘和痛苦。

擁有一個房子和擁有一個家，兩者之間有著巨大的差別。我們寧可選擇一個兩房的小屋，而以平和的心態面對現在和未來，也不要選擇一個十房的宅第，為了這個房子耗盡所有的收入，結果丈夫和妻子會因為想維持華麗的外觀，拚命地保住這份超出他們財力範圍的虛榮和炫耀，而不斷地嘮叨，相互抱怨，處於緊張焦慮之中。擁有一個小小的、溫馨的「家」，還有在銀行裡不斷累積增加的存款，難道聽起來不比那過度緊張疲勞的生活方式更幸福嗎？

把你現在居住的房屋所耗費的租金節省下來，在一年

之內很可能就會變成一筆豐厚的銀行存款。你現在花了多少錢在房租上？如果你租一個能夠滿足你所有需求，讓你住得既舒適又滿足，但不會讓你四處炫耀的房子，要花多少錢？你有沒有比較過？有些時候，我們為了「鄰居」而花費一大筆額外的錢，但是，這個「鄰居」不會對你將來的生計產生什麼幫助，也不會把錢塞進你的錢包裡。相較於一家人居住在那條街對面的事實，銀行存款會為這個家庭在眾人之中樹立更高的口碑。

如果你只靠喝香檳、吃蘑菇過活的話，想想那得花多少錢才能讓你獲得足夠的營養，保證你能活下去？當一個人想到這一點時，以精打細算、理智聰明的花錢方式來省錢的觀念，就會給人留下生動而深刻的印象。你從價值15美分的麵包和乳酪中得到的營養，卻可能需要花費大約15美元去購買香檳和蘑菇，才能得到等量的營養。你可能會說：「這太荒謬可笑了！沒有人會指望喝香檳、吃蘑菇過日子啊！」是的，這的確荒謬可笑，而最荒謬可笑的部分在於：幾乎每個人在他們的生活習慣中都試圖用「香檳」和「蘑菇」來取代「麵包」和「乳酪」。他們都還沒有認清這個事實：如果他們花費15美分而不是15美元去購買他們需要的東西，那他們應該會更加健康、快樂。到那時，他們就不必為了省錢和存錢而操心了，因為14.85美元會自動地進入銀行帳戶，也解決了如何從一個人現有的

收入中省出錢來的問題。

> 「在經濟之道中必定有規律可循。更加豐厚的收入不
> 能保證你能夠隨心所欲地花錢消費，然而，保持節省
> 和樸素，絕對不會讓一個家庭垮掉。成功的祕訣不在
> 於你擁有多少錢，而在於收入和支出之間的關係。但
> 是，在一般情況下，隨著財富的增加，開銷也會更加
> 迅速地增加，因此人們發現，即使收入豐厚，也無助
> 於解決問題。」

在芝加哥的某個社區裡面，居住著一些磨刀匠、小商
販、工廠工人，以及臨時工，他們總計擁有八十棟公寓大
樓。其中兩個工廠工人是旅館的老闆；一位鐵匠擁有屬於
自己的房子，另外還有其他三處房產；一個理髮師則擁有
一棟公寓大樓。

> 「驕傲比實際需要能壓垮更多的人。」

第31講
聽取他人的經驗之談

「人生分為三個時期：過去、現在和未來。讓我們從過去中學習經驗，使得現在就可從中受益；讓我們從現在中學習經驗，使得未來生活更加美好。」

我們學習走路、閱讀、吃飯，做生活中的任何事情，都是透過經驗得來的——主要是別人的經驗，別人傳遞給我們的那些經驗。

非常值得問一下那些闖出一條自己的道路，並且成功實現目標的人這一個問題：「您是如何做到這一點的呢？」一個富有的人在被問到這個問題時，可能會回答說：「每個人都可能拿到豐厚的薪水，然而因為錢來得容易去得也容易，除非有什麼辦法能夠阻止錢嘩啦啦地流走。當一個人能夠制定省錢計畫，並遵循這個計畫行事，那麼省錢就是一件簡單的事。我的省錢計畫是從我的收入中留下一些零用錢，用於各種開銷，然後從每一筆零用錢中再節省出一些錢。我將這種計畫定為固定的原則，將我所有收入中的一部分積存起來，並將這筆錢看作是我必須償還的一筆

債務，儘管這樣會讓我喪失一些非常想要的東西。不管在什麼時候，只要有一項花費看起來是必要的，我就會問問我自己，如果沒有這樣東西，我能不能繼續生活下去呢？對我以後的生活來說，這件東西是否值這個價錢，以及這筆錢所產生的利息呢？因為一旦你買了一件東西，你為它花出去的錢就沒有了，而且永遠也補不回來。」

另外一個白手起家，靠自己的奮鬥獲得成功的男士，接受別人的請求，講述他自己的故事。他和藹可親地娓娓道來：「每一個像我這樣身經百戰的過來人都很樂意幫助年輕人，讓他們少經歷艱苦的磨練，少承受個人閱歷不足帶來的心痛。我們也很樂意將我們付出很大代價才學到的東西傳遞給年輕人，很樂意看到我們感興趣的年輕人能從我們離開的地方起步。但是，不知道什麼原因，年輕人似乎並沒有認識到，接受其他某個人已經探索出來的『生意經』並從中獲益，其實與接收其他某個人已經發現的電學或工程學知識並從中獲益，是一樣的事情。」

他停頓了一會兒，繼續意味深長地說道：「當有人告訴一個年輕人說地球是圓的，他會相信——他不會試圖去親自證明這一說法。但是，如果一個久經生活沙場洗禮的人告訴他，沒有什麼會像『省錢並將自己的一部分收入用於投資』更能帶來這麼多實實在在的快樂和利潤，他一定會心存懷疑地一笑而過。」

「嗨，你，站在那裡聽我說話的那個小夥子，你說說看，為什麼你寧願想當然地認為我說的是錯的，也不願認為我說的是對的呢？」那個年輕人慌亂地站起來，因為被人從一大群聽眾中單獨點出來，他刷地一下臉紅了，然後支支吾吾地回答：「我並非寧願想當然地認為您錯了，這根本不是寧願不寧願的事情。您看看，我的情況有所不同。我不得不根據我遇到的情況，做出最好的判斷，如此而已。」

「對您來說輕而易舉的事情，對我來說或許是根本不可能的。所以，在這種情況下，這個世界上最好的建議也不會產生多大的幫助。我非常同意您的說法，省錢的確是我應該做的一件事情，而且我也打算一旦我領到一大筆薪水，我就會省錢、存錢。但是我無法從我現在得到的收入裡省出錢來，我必須保證我的妻子和孩子過著正常的生活，而我要告訴您，這些都是要花錢的呀！」那位長者，那位已經獲得成功的男人，溫和地笑了起來，他那雙灰色的眼睛炯炯有神，閃爍著明亮的光芒。

「年輕人，你不知道這番話在我聽來有多麼熟悉。我想，這些一模一樣的話我曾經說過至少有一百遍了。但是後來我發現，當我像你現在這樣說話並用這種思維方式考慮問題的時候，還有很多東西是我沒有搞明白的。你也是這樣！每一個日積月累攢下一棟房子和足夠的家產，能保

證他自己和家人過著舒適生活的人也是這樣！即使到了現在，我也還是天天工作，因為我喜歡工作，但是如果我明天停止工作，我賺的錢也仍然能保證我過上舒適的生活。從我開始省錢並存錢的那一天開始，我的錢就開始為我工作了。好比我給了那些錢一個很好的『職位』，它們給我帶來了豐厚的收益。它們的確是非常優秀的『員工』，為我掙來了氣派的房子，為我掙來了停放在我家後院車庫裡的新汽車。如果我完全依賴自己那份工作，我可能永遠都做不到這點。我的雙手和大腦為我掙來了一筆可觀的薪水，但是要買房子，要買我喜歡的奢侈品，還需要比這份薪水更多的錢。於是，我把每個月工作所得的一部分收入存起來，讓它們為我賺取更多的收益。」

「但是，」那個年輕的聽眾插了一句，「如今生活開銷變得……。」

「是的，現今的生活開銷變得愈來愈高了。」那位長者以深信不疑的口氣回應，「你又怎麼知道你的收入將會呈正比例增長呢？事實上，你的公司給你的薪資單上的數額還沒有進一步地增長，主要原因是你缺乏經濟後盾。你可能不相信這一點，除非等你有了一筆資金，並定期將錢存進去，你才有可能理解。但是，如果你有自信的話，你為老闆創造的價值和你獲得更高薪水的能力就會變得不可同日而語，令人吃驚。而確保你擁有這份自信的因素，來

自於你知道自己有錢。」

他停了下來，和善地微笑著，然後和聽眾們揮手告別：「好了，我知道建議是不值錢的。但是我已經把自己認為是正確的、有價值的東西傳遞給你們了，而這些都是我在經歷了長期而艱苦的磨礪和打擊之後才得到的經驗。你可以聽取這些建議，也可以置之不理。但是，我真切地希望你們能夠聽取這些建議，它們對我產生了巨大影響，讓我由貧窮走向了富裕。它們也會對你們產生相同的影響。」

> 「那些我們並不認為是『教育』的東西往往比在大學期間學到的東西更有用。」

第**32**講
浪費和炫耀

「每個人都需要更多的錢。

我們每個人的一生中總有那麼一個時刻，擁有一筆準備好的錢財。它意謂著朝獨立前進了很大一步，或者它代表了健康——甚或是生活本身。

一個富有機智的人總是會有一個穩定成長的銀行戶頭來支持他的幹勁。」

——佚名

　　每個人都希望自己擁有一筆穩定增長的銀行存款，這是不爭的事實，而許多人卻做不到這一點，原因在於美國人擁有兩大會帶來苦難的根源——浪費和炫耀。如果我們都懂得我們的祖先早就領悟並在過去力行節儉的經濟之道，那麼同樣的道理套用在一個普通的美國家庭，被他們扔掉的食物就可以用來養活第二個家庭。一個聰明的女人利用大部分美國女人在一般情況下會扔掉或拋棄的布料，就能做出一身最新款式的時尚衣服，把自己打扮得美麗大方。

至於炫耀——炫耀永遠愚弄不了任何人。因為當炫耀打算給人留下深刻印象的時候，大家都會察覺到隱藏在其中的自負狂妄，並對它嘲笑一番。炫耀自己擁有別人都買不起的東西，絕不會讓一個人的身分地位變得更好。為了跟上與鄰居們同樣的好日子，已經導致許多家庭家道中落，並讓許多男男女女在救濟院裡黯然辭世。

奢侈很少能夠滿足人們對舒適生活的渴望。我們所做的奢侈之事，幾乎總是因為浪費或炫耀而做出的。想想看，有多少錢是你本來應該擁有的，卻因為浪費或炫耀而最終沒有得到。

在一次偶然的機會，聽到一個富有的人向一個年輕朋友講述他是如何變成一個富裕而獨立的公民。以下就是他講述的故事：「當我還是一個年輕的已婚男人時，我得設法讓我的薪水足夠應付各種開銷，幾乎把我給弄瘋了。這件事讓我非常發愁，以至於我沒法把心思放在工作上。每晚回到家的時候，我做的事情不是休息，而是焦躁不安，並計畫著如何支付這張和那張帳單，直到我變得緊張兮兮，牢騷滿腹。」

「我和我的妻子在各行各業裡都認識一些有錢的熟人。我們認為自己必須跟上這些熟人的步伐，因此我們住在房租高昂的地方，而那裡遠遠超出我們的承受能力。我們這麼做，並不是為了得到任何額外的舒適，而是因為我

們的鄰居都是非常時尚的人。我們花在衣服上的錢是以往花費的兩倍。為了『做秀』，我們還得款待親朋好友，同時必須說服自己，我們現在正過著快樂的生活。」

「快樂的生活！哦！我根本不知道快樂的生活是什麼樣子，我現在只知道自己根本沒有真正地享受過這種生活。我試圖相信這個社交圈裡的人對我的事業有所幫助。呸！他們從來沒有幫我買過一張郵票，但是他們幾乎讓我失去了職位。對於得到更多的收入的想法，我徹底絕望了，但也因此讓我開始省錢。我知道如果有了錢，我就可以進行投資，而且除了我能夠賺到的錢以外，那些投資還會給我帶來額外的收益。你知道嗎？我現在的財產始於我本來打算用來買一頂新帽子的錢。這是事實。我沒有買那頂新帽子，並且把那筆錢存進銀行，正是這樣讓我變成了一個富有的人，而沒有淪為貧窮的人。」

「有一條放諸四海而皆準的法則——補償法則，它是這樣說的：『你每失去一樣東西，就會得到其他某些東西。』我把我的銀行存摺帶回家，把它拿給我的妻子看，並告訴她我都是怎麼想的。我們兩個人都想過上好日子，而且她的想法也和我一樣——想要擁有精美昂貴的物品，唯一的方法就是增加收入。第一個月，我們咬緊牙關，並且制定了一些計畫，才沒有讓開銷超過以往花費的四分之三。但是我的妻子削減了她的開銷，我也削減了我的開

銷，我們都下定決心，要努力趕上那些比我們更有錢的人家。」

「接著，到第一個月月末，當我帶著一小疊錢走進銀行的時候，我感到非常快樂，比我以往花錢的任何時候都要開心。在看到我的計畫如何意味著真正的舒適，以及遠比我們以前擁有的任何東西都還要奢華的東西之後，我的妻子也和我一樣興致盎然。她學會了在每花一分錢之前都要精打細算一番，想一想，是要買那件東西呢？還是把那筆錢存進銀行裡，讓我們的美好日子早一些到來呢？我們並沒有壓榨自己，也沒有苛刻地限制花用。事實上，我們比以往任何時候都享有更多真正的舒適，因為我們不再愚蠢地拚了命地去做我們承擔不起的事情。」

「至於我的事業，我希望你已經看到發生在我身上的變化以及我的工作方式的改變。現在，我可以全心地投入在我的工作之中。哦，對了，我一心一意地專注於我的事業，如此的熱忱使得老闆在那一年給我漲了兩次薪資。」

「我的孩子，告訴你吧，省錢和存錢會讓一個人看起來充滿自信，而且自信本身就能讓其他人都感受到你的自信。一個存有一筆錢且讓這筆錢為自己帶來收益的人，看起來有一種儲備力量。這種力量在那些『做一天和尚撞一天鐘』的人身上是沒有的，也是不可能有的。當一個人將他的第一本銀行存摺放進口袋時，他會在那一刻感受到莫

大的喜悅，而這種喜悅也遠遠超過了這個世界上其他任何的喜悅──所有這些感受我都體驗到了。」

在你努力工作賺到錢之後，要讓錢為你工作，而不要讓它為其他某個人工作。只要你保有這些錢，就要讓它只為你工作。

「金錢會創造財富，而藉由金錢創造出來的財富，將
能創造出更多金錢。」

──富蘭克林

第33講
凡事豫則立

「儉約是建立在所有財富都有極限的原則上。」

——柏克（Burke）

　　大多數人生來就有節儉的精神。當我們還是小孩子的時候，常常先吃掉糕餅上糖霜周圍的一圈，把中間最甜、最美味的那一口留到最後，這就是節儉的表現。這個時代提倡節儉的生活方式，而節儉的生活方式意味著：即使在收入迅速增長的時候，也要保持生活開銷緩慢地增長。

　　培根（Bacon）曾經說過：「對於那些一旦開始，之後還得繼續花錢的費用，在開始時就應該謹慎小心；但是對於那些不會來回花錢的費用，則不妨慷慨大方一些。」

　　對生活中的固定開銷，必須加以控制，這些固定開銷每天、每個星期或者每個月都會再度出現，比如租住的房子或公寓的租金、參加俱樂部或社團組織的會費，以及每天上下班的交通費等等。這些開銷必須控制在一定的範圍內，因為我們不能隨心所欲地改變它們。

　　美國許多赫赫有名的百萬富翁在訓導他們的孩子時，

都會熱切地教給孩子們有關人性尖刻面的常識，以及敏銳的判斷力，正是這些指導讓那些百萬富翁們獲得了財富。透過努力工作、勤勉和常識闖出一條路，獲得財富的人都深深明白，對於一個年輕人來說，這個世界上再也沒有什麼比被迫忍受痛苦的打擊和砥礪更有價值的了。

拉塞爾‧塞奇（Russell Sage）曾經說過：「如果告訴一個男孩說，他長大以後會非常富有，那麼十之八九他將一文不名。」

塞西爾‧羅茲（Cecil Rhodes）的一生都在非洲叢林裡令人疲憊不堪的開發工作中度過，他修建了從南非開普省（Cape）到埃及首都開羅的鐵路。儘管他的手中掌控著數百萬的錢，可以過著閒散而享樂的生活，但是他一直不停息地勞動。這是他講述應該如何培養孩子的一番話：「人們不應該把錢留給自己的孩子，這樣無異於給他們埋下一個禍根。如果想要盡我們所能為孩子們提供最好的服務，應該要做的就是，在我們能力所及的範圍內，讓他們接受最好的教育，然後放手讓他們分文不帶地去闖世界。如果你留給他們一筆財富，會發生什麼情況呢？他們很可能會『再也沒有努力的動力』了。」

為了我們的明天，今天就得付出代價。上天在賜予你榮譽、舒適或尊嚴之前，總是會提前索取一些東西。現在就犧牲一些東西，然後你就能透過努力實現你的壯志雄心

——不管你的壯志雄心是財富、滿足、影響力，還是免於煩惱。

如果說為了擁有一筆銀行存款而省錢，還不足以吸引你、你的妻子和子女，那就嘗試制定一個計畫，為了實現某個特定目的，或者為了滿足長久以來夢寐以求的願望而一起省錢吧。它有可能是一輛汽車，選擇一款你們大家都想要的汽車，然後所有人都開始為它省錢。凡事豫則立，也許在不知不覺中那筆汽車基金就差不多準備好了，而你對此還全然不知呢。

到時候你或許可以用這筆錢買回一輛嶄新閃亮的汽車，也可以把這筆錢存起來，當作私人港灣。當你的這艘家庭小船遇到意想不到的風暴時，它可以在這裡找到庇護，並安然地度過這場風暴。

每次人們看到銀行的時候，都如當頭棒喝，想起一個數百萬人都知道的事實——儲蓄是划算的啊！但是，我們當中的一些人有時候卻將這個事實忘到九霄雲外。

一個富翁講述了他開始發財致富的故事。他說：「我和我的妻子開始1分1分地存錢。每當我們得到1分的零錢時，就會把它放進一個空的玻璃瓶裡——我們只放進去1美分的銅幣，瓶裡沒有其他的硬幣。我們把它放在一個一抬眼就能看見的地方，如此就可以看著它漸漸地裝滿，愈來愈接近瓶子的頂部，直到那個玻璃瓶最後被裝滿。我

們給自己定了一條規定：絕不能從那個瓶子裡拿出 1 分錢，任何原因都不成。在六個月之後，我們擁有了 4,215 美分，於是我們用其中的 4,000 美分——也就是 40 美元——開了一個銀行帳戶。接著，我們用玻璃瓶裡裝著的那 200 多美分作為儲蓄金，再次開始存錢。一年之後，我們就擁有了 110 美元！」

「不是你的生活消費過高，而是你過著高消費的生活，才耗盡了你賺進的盈餘。」

——希爾

第34講
節儉成為時尚

「少了節儉，沒有人能夠變得富有；有了它，幾乎沒有人會變得貧窮。」

——強森

第一次世界大戰產生的奇蹟之一，同時也是我們非常需要的一大奇蹟，就是人們轉變了思想觀念，懂得了節儉。

節儉已經變得流行起來——成為了一種時尚。

人們再也不會錯誤地把節儉和貧窮連結在一起。

每個人都認為，「節儉」彰顯的是真正的生活和聰明才智，而「浪費」則是貧窮和無知的大衣。人們譴責浪費，認為浪費是對某個人家庭的犯罪，是對某個人所在的整個社會的犯罪。揮霍浪費的人很快就會發現他或她「要倒楣了」。

他們已經放棄了以前念念不忘地以為自己「必須擁有」這些那些的想法。他們非常樂意擺脫那些煩人的東西，這樣一來就永遠不會再忍受那些東西了。他們明白

了，讓自己吃力不討好地想著「你必須擁有一定水準的生活」，實在是一件愚蠢而痛苦的事情。因為一旦你達到了那個水準，就會有另一個更高的水準，而且還是花費更高昂的水準，在前方向你招手示意。

不必為了虛榮而費力地支付那些帳單，會給家庭帶來更多的自由、舒適和真正的幸福，因此，自第一次世界大戰以來，許多人一直持續地這麼做。他們認識到了，自己曾經一度認為僅僅是生活必需品的那些東西，有一半是他們根本就不需要的，或者是他們實際上不想要的。限制愚蠢的現金支出，並不會傷害到經濟。

把錢花掉和把錢埋藏在地下都是不對的。你存起來的錢並不會脫離商業交易。每一美元都會在一個星期內被支出兩次，它會一直處於貨幣流通之中。你在銀行裡擁有100美元（如果你把這筆錢存在那裡），銀行就會讓這筆錢進入流通，然後就會有人在一個星期內將它花掉兩次。我們這個國家一年的交易總額高達6,000億美元，而我們現在儲蓄的所有貨幣只有80億美元。因此，每一美元在一年內幾乎都要被支出一百次。

放眼全球，我們會為美國人所造就的繁榮和富足感到欣喜。打個比方，這份繁榮和富足就像河流一樣，是能夠流動的，但是如果流向每一個人的繁榮和富足到了我們這裡就剛好結束了，那麼它們又能給我們帶來什麼益處呢？

當錢流過去的時候，你留下來的錢，你最終存下來的錢，才是你所掙的錢中真正屬於你的那一部分。

社會的繁榮來自於賺錢和存錢兩個方面。繁榮是存錢的大好時機──這是你一直以來都在期待的時機。在繁榮的日子裡，你可以積累資本，用於投資，獲得收益，等你想要停止工作的時候，這些收益還能維持你的生計。

繁榮就是機遇──是每個美國人的機遇，不管他的祖先是搭乘「五月花號」漂洋過海來到美國，還是他自己乘坐最新式的輪船到達這裡。

「只要一個人將他舊有的偏見和習俗拋在身後，接受新的生活方式和觀念，接受他所服從的新政府，接受他所在的新的社會地位，他就是一個美國人。美國，我們偉大的母親會把他攬入懷中，讓他坐在她那寬厚的膝上，成為一位美國人。在這裡，來自各個種族的個體融合在一起，形成了一個新的民族。這個民族的努力勞動和子孫後代有朝一日會給這個世界帶來巨大的變化。美國人，是來自西方的朝聖者，隨著他們一起而來的還有在東方世界興起已久的大量藝術、科學、工業、智慧和勤勞，他們將用以上這些畫出一個完美的圓圈。」

「賺錢的祕訣在於省錢，並不在於一個人賺了多少錢；不在於他的收入金額有多少，而在於他的收入和

支出之間的關係是否平衡，那將決定他是貧窮還是富有。」

———柯爾頓（Colton）

第35講
機會

「機會絕對不會停留在門口，敲敲門，然後就此離開。相反地，機會伴隨著你，與你一起生活，在一旁陪伴你工作，到了晚上，它也不會離開，會在你門前的墊子上安睡。如果你忽略了它，不要責怪任何人，要怪就怪你自己。」

很多人都寫過關於機會的文章。你一定聽說過機會在每個人的門上只敲一次，以及諸如此類的說法吧。

其實，機會是一個大家族，其中的成員有大機會，也有小機會。人們經常發現它們之中的某個成員正在敲某個人的門。

或許當你不在家的時候，或者在你酣然入睡的時候，或者在你過度滿足於自己目前情況的時候，最大的機會來敲過你的門，然後離開了。

同樣一個機會，對於一個人來說可能是個大機會，但是對另一個人來說卻只是一個小機會。儘管如此，它也還是個機會。

目前，我們應該謹記於心的機會就是：對於大多數人來說，現在這個時間點正是省錢、存錢的大好時機。

　　我們每個人的手中都握著賺錢的機會，同時，幾乎每次購物都有機會省下一些錢來。一個明智的人，會不時地睜大雙眼，保持頭腦清醒，以抓住大機會，同時不放過每一個小機會。

第36講

存錢的效用

　　有些人為他們自己沒有省下錢找藉口，說是生活花費太多了，所以他們才落得沒有任何節餘。那些抱怨這一年生活開銷太高的人，真應該把他們都送回到西元三〇一年的羅馬！那時的羅馬皇帝是戴克里先（Diocletian），當時的羅馬就像今天的芝加哥一樣，是一個文明開化、美麗繁榮的城市。

　　在那個時候，一磅火腿要花15美分；一磅奶油要花9美分；一打雞蛋要花5美分；而買鮮魚所花的錢和今天一樣多。你認為那個時候的工資水準是多少呢？教師一天的收入只有21到32美分；律師接手一個案子的收入只有1.09美元，完成一個案子，也才只能得到4.35美元；木匠一天的收入只有26美分；石匠一天的收入只有26美分；按日計酬的臨時工一天的收入只有13美分。

　　把這些數字和今天相同職業一天的收入做一下對比吧。想一想，當你忙活了一整天卻只能賺到21美分或32美分的時候，光是吃一打雞蛋就要花掉你5美分！想一想吧，將近你一整天工資的五分之一，卻只能買一打雞蛋！

那些一天能賺到6美元的人，如果要花1.5美元才買得上一打雞蛋，他們又會抱怨些什麼呢？

我們的錢花得飛快，並不是因為生活費用太高，而是因為我們都太縱容自己、嬌慣自己了。如果我們能把平時習慣花錢雇人幹的活兒留著，自己親手去做，那麼，每個人都能從每週的生活開銷中省出一些錢來。

紐約城裡有一個男人，他擁有價值3萬美元的不動產。他說這些錢是透過自己刮鬍子、擦皮鞋節省出來的。他把省下來的這筆錢用於投資，並且非常幸運地獲得了回報。如果我們也開始省錢，就會有大量的機會進行這種投資。

要想變得經濟獨立，並不一定要有大筆的收入。芝加哥有一個男人，在一家銀行當小職員。他在那家銀行工作了四十年，而且每個星期的薪水從來沒有超過26美元。但是，這個人竟然擁有一筆將近2萬美元的財產。這些都是他每個星期省下2到3美元，日積月累儲蓄起來的。然後他將這筆錢投資到能夠取得收益的地方，使得他每年都可以從自己的投資中獲得超過1,000美元的收益，幾乎和他的工資一樣多。就這樣，他一直都過著舒適的生活，還養活整個家庭，並讓孩子受到良好的教育。

在六年時間內就可以省下一個農場。在印第安那州肥沃的土地上，有一片面積五十公頃的農場。在那裡，你能

找到一個非常快樂的小女人，她整天都過著快樂的生活。她很快樂，但她卻是一個跛腳的女人，只有借助拐杖才能行走。她以前在城裡工作了六年，做的是包裝午餐飯盒的工作。就在那段時間裡，她從每個星期的工資裡盡可能地省錢存進銀行。六年後，她存下來的錢足以買下一個五十公頃的農場。然後她帶著母親搬到那裡，開始養雞。聽了這些故事之後，任何一個健康強壯的人都不該再叫喚道：「哦，我在這世上活不下去了！」

是啊，在讀完這個故事後，誰還能反駁一位金融家說過的這句話呢：「每當我聽到一個收入頗豐的人抱怨自己不能省下錢的時候，我就非常確信不是他不能，而是他不想。」

一個非常有錢的男人有一個年幼的兒子，和其他有錢人家的兒子一樣，這個孩子認為只要自己開口要求什麼，就能擁有什麼。於是，父親決定教育兒子懂得金錢的價值。他們鄰居家的孩子們有一匹小馬駒，於是這個有錢人家的兒子也央求父親給自己買一匹像那樣的小馬駒。父親說：「哦！如果你把我們以前給你的那些零用錢存起來的話，你現在就能買一匹和那匹一模一樣的小馬駒了。可是你卻把那些錢都花光了，所以你只能將就著沒有馬嘍！」

小男孩第一次意識到省下自己的錢並存起來，就能擁有自己非常想要的某件東西。於是他開始省錢。等他到了

十五歲的時候，他存下來的錢就足夠他買一匹小馬駒了。但這個時候，父親對他說：「史密斯先生有一匹高大、健壯的黑駿馬，你還記得嗎？如果你能把這筆錢再多存一年左右，你的錢就足以買一匹那樣的駿馬，而不是一匹小馬駒了。」

那個小男孩對大駿馬的喜愛遠勝過他對小馬駒的喜愛（正如他的父親所深知的），於是小男孩又將那筆錢存了一年時間。後來，父親又說：「現在，你的錢足夠買一匹高大的黑駿馬了，是吧？不過，現在大多數年輕人都在買小汽車。如果你能再多存一段時間的話，你就可以買一輛美觀大方的跑車啦。」等到那筆錢存得足夠買一輛汽車的時候，父親又指出，可以以低廉的價格買下一處房產，而且那處房產很有可能會迅速升值。

到了此時，當初的那個小男孩已經長大了，他已經萌生了要成為一個商人和資本家的願望。當父親告訴他應該怎樣一步一步往前走，為了買到自己非常想要的東西而堅持不斷地省錢，從而積聚起一筆銀行存款的時候，他說：「哦！爸爸，難怪您從還是一個孩子的時候就賺到了一百萬！我做夢也沒有想到我會受到您的『控制』，但是您確實讓我見識到了不說教也能產生效果。」

「如果每個男孩都有一個足夠智慧的父親，能夠指引他去儲蓄自己的金錢，整個美國的百萬富翁就會比全國的

第37講

應該整修的「破路」

「人助自助。」

——阿奇申（Ed Howe of Atchison）

把一般的鄉村公路、慢吞吞的農場馬車和快捷的火車做個對比吧。哪種運輸方式更便宜一些呢？經由鐵路把一噸重的農產品運送到一英里以外的地方，需要花費 1 美分；但是用四輪馬車走一般的鄉村公路把同樣的東西拉到同樣遠的地方，則需要花費 25 美分。把農產品從這個鄉村拉到小鎮上所需的花費，比起把同樣的農產品從那個小鎮上拉到預定的市場所需的花費還要多。雖然從那個農場到小鎮的距離往往不超過十英里，然而經由鐵路運輸，這些農產品的距離有的時候則長達一千英里，甚至比這還要長。

在一年之中，大約有兩億噸農產品是藉由四輪馬車運送到鐵路上的。兩億噸啊！每噸農產品每被運送一英里就要花費 25 美分！通常四輪馬車一趟只能運送大約一噸半的重量。想一想吧，這種四輪馬車得在通往小鎮上的那條

「破路」上來回顛簸多少趟啊，簡直是不計其數！如果在修建鄉村公路的時候，能夠運用到修建和管理鐵路時所運用的經濟之道和降低成本的方法，那麼這些「破路」消耗巨額錢財的現象就會宣告終結，而農民們就能將他們現在把一車小麥從糧倉裡運送到升降機上所花的錢節省下一大半了。

　　良好的路況會降低運費。一般的農民卻一直忍受著「破路」，就好像它們是老天強加給他們的，和他們的頭髮顏色一樣，和他們的家庭出身一樣，都是天註定的。他們也想過很多很多遍，把一馬車的馬鈴薯運送到紐約、芝加哥，或其他某個城市，一噸一英里只花費1美分，真好啊。但是他們卻很少想到要減少把馬鈴薯從田地間運送到火車站的運費。在他們賺得的利潤中，存在一個巨大的漏洞，他們卻毫不自知。他們對生活中的日常事務是如此司空見慣、習以為常，以至於他們從來沒有停下來好好算一算，一條好路和一條破路之間的差異對他們來說就是一年數百美元的收益。他們會察覺到身體舒適和不適之間的差異，然而關於運費，這個想法似乎離他們非常遙遠，很難讓他們想到要降低運費。

　　有什麼開銷是你司空見慣、習以為常，以至於沒注意到的？有什麼地方是可以省錢的，但因為它是你生活中過於熟悉的一部分，所以被你忽略了？在你的家裡、你的工

作中和你的社交活動中，有沒有什麼是只要改變一下觀念，或利用一點常識就能幫你省下一些錢？或許你現在居住的房子，相較於你在舒適和便利這兩方面的需求來說，昂貴了許多，但只是因為你住在那裡的時間太久了，因此不願意做出改變。

或許你現在保持的社交活動給你帶來的快樂與你為此付出的花費並不成正比；或許你一直以來都把心思放在你的女兒身上，希望把她培養成一名鋼琴家或歌手，而你自己卻為了應付那些帳單而感到壓力重重。然而，她可能已經在考慮要結婚，建立自己的小家庭，另立門戶了。因此這些美妙的責任就會終止，而你卻為之投入了這麼多的錢財，現在都浪費了。

或許你的「破路」並不是以上這些內容中的任何一條，但是一定在某個地方存在這樣一條「破路」。很有可能你還沒有正視這條「破路」，也還沒有意識到如果你確定自己很長時間以來在那個地方浪費了很多錢，並且開始省錢的話，將意味著會有多少錢進入你的口袋，而不是飛出你的口袋。

以下是一個我們已經接受的觀念——但我們沒有做到。

「一年至少一次，若每個農夫能站在一旁看著他的田

地，彷彿是在看著別的農夫的田，並且指出這個『別的農夫』還有什麼事情沒有做好，對他們將是好的。太投入在自己的工作有時會局限一個人的視野，並使他忽視一些重要的事情。若是你在一天之中行經一堆垃圾四或五次，最終你會漸漸認為這堆垃圾本來就應該出現在那裡；就像一個人有時候會年復一年地在一根樹墩旁犁地，彷彿它是聖旨命令而立的。」

　　——《新英格蘭農莊》（*New England Homestead*）

第38講
成功的原因

「如果你想得到真正的樂趣，不僅為現在，更要為未來而活。」

在南美洲生長著一種棕櫚樹，它能為當地人提供麵包、油、糖、鹽、水果和蔬菜。這種樹的木材和樹葉在建房子的時候可以用來蓋屋頂，它的佛焰苞還可以用來做廚具、各種各樣的籃子、席子、墊子；此外可以做成粗細不同的繩索，粗至漁船上的纜繩，細至釣魚線和弓弦，也能做出針、魚鉤和箭頭等等。這種樹通常生長在門前的庭院裡，簡直像是一個百貨商店，渾身都是寶，而且不需要花錢買。

在美國阿拉斯加州的一些印第安部落，也有幾乎一模一樣的好運氣。只不過他們擁有的樹是雪松，這種樹也幾乎可以用來做所有東西。把樹幹挖空，就可以做出一艘獨木舟——長達六十英尺，可以容納一百人。他們的廚具都是這種密封性很好、不漏水的木材做成的盒子，滾燙的石頭砸下去也不會破裂或漏水。

這些印第安人的房子是矩形的，把劈好的雪松木板一塊塊釘到雕刻得美觀大方的雪松柱子上，就蓋好了一棟房子。他們使用的所有餐具也都是用這種木頭做成的。這種樹的樹皮可以用來編織各種袋子和蓆墊，但是要做成毯子和各式各樣的布料，就要先把樹皮撕成碎片，然後再進行編織。

這些印第安人還是這個世界上傑出的籃子製造者呢。為了編織籃子，他們把雲杉樹精細而柔順的根鬚從地底下挖出來使用，而雲杉也是雪松樹的一種。

很有趣是不是？但是生活在這些地方，不需要為生活奔波忙碌的人們，幾乎都是未經開化的人，而且從古至今他們都是這樣生活的。

人們或許會想，當一個人不需要一天到晚為了食物、衣服和睡在哪裡而勞碌工作，那他一定會成為一名藝術家、演說家、機械師、作家、學者、發明家等等，總之是上千種職業中的任何一種，這些職業不勝枚舉，可以編成一本百科全書一樣的厚書。但這是不對的！正是那些必須為了一日三餐而勞碌奔波的人，造就了我們現在生活的這個文明社會。他們整天都在自己的「工作崗位」上忙碌，無論所謂的「工作崗位」是什麼。然後，他們會把業餘時間用於思考電動摩托車，或者設計飛艇，或者寫書，或者畫畫。為了賺到足夠的錢，實現自己的想法和雄心，他們

會克制自己不去買那些非常想要的東西，並把錢存進銀行裡。

「成功人士把他們的心思都投注在那些重要的事情上（不管這些事情有多麼微不足道，多麼遙不可及，或者多麼希望渺茫），並且拒絕把注意力移開，這就是他們為什麼會成功的原因。」

第39講
熱愛工作也是致富之道

「能勝任自己工作的人是一位王者。」

真正教育一個人的是他的工作。一個小男孩去上學，但是真正教育他的是他和其他孩子之間的交往。

工作是人類的酵母。沒有這種酵母，我們就只是一大群毫無價值的軀體。

斯賓諾沙（Spinoza）是最偉大的哲學家之一。他整個白天都在做打磨鏡片的工作。到了晚上，他才唸書並撰寫哲學作品。

沃爾特‧司各特爵士（Sir Walter Scott）在他五十五歲時，某天早晨一覺醒來，卻發現自己身陷50多萬美元的巨額債務之中，因為他跟人合夥的生意失敗了。雖然他沒有受到逼迫償還債務，但是他覺得自己從道義上來說應該負起責任。

他說道：「和時間攜手，一人抵兩人！」於是，他開始比以前更加努力地工作。他在十三個月之內就寫完了《拿破崙的一生》（Life of Napoleon）這本歷史巨著，共九

冊。後來他受到麻痺症的重創，雖然連握筆都有困難，但他還是堅持繼續寫作，並且在四年之內就償還了那筆50萬美元債務的大約三分之二。

工作，讓他做到了這一點。

工作，讓他在四年之內掙了30多萬美元。

一位有著貴族頭銜的歐洲人問一位非常有名的美國總統，他的盾形紋章（coat of arms）是什麼。總統回答說：「是一對襯衫的袖子。」（譯注：coat of arms直譯意思是『外套上的手臂部位』）

著名的天文學家赫謝爾（Herschel），曾在一個管弦樂團裡當樂師維持生計，什麼地方能夠雇用他一個小時，他就去什麼地方演奏。在他完成工作後，他就架上望遠鏡開始觀察天空。他有個習慣，就是趁著其他成員在表演節目的間隙，悄悄地溜出來，然後用他的望遠鏡凝視天空幾分鐘。就是通過這種方式，他有了很多的天文發現，這讓他終於有一天聲名遠播，同時也獲得了財富。

達爾文以前是一名鄉村醫生。有一次他乘坐單座雙輪馬車，冒著風雪穿越泥濘去給病人看病時，他還不忘撰寫他的科學著作。他隨身帶著一些紙片，在他乘坐馬車前行時，一產生什麼想法，就將之草草地記錄下來。

拿破崙一天二十四小時就有十八個小時在工作，吃一頓飯往往只花十分鐘。他每天工作到深夜，每當他的秘書

們累得幾乎筋疲力盡的時候，他就會催促他們重新打起精神努力工作：「行動起來！快點幹活！現在才兩點鐘呢。法國人民供給我們的生活，我們必須賺到他們付給我們的錢。」

保羅．斯卡龍（Paul Scarron）是法國最著名的作家之一。他開創了滑稽幽默的寫作風格，讓全世界的人們讀到他筆下詼諧滑稽的事情就會開心大笑。然而，他自始至終都是一個無助的殘疾人，每挪動一下手臂或腿，他都會痛得大聲尖叫。

如果我們也能這樣不管遇到任何艱難險阻，都努力地工作，我們也有可能成為有名的人或有錢的人，或者名利雙收，兩者兼得。

未來的機遇並不比過去少。對於那些擺脫了債務，手頭還有一些餘錢的人來說，不遠的將來有可能充滿更多更好的商業機遇，而且要比過去幾年裡出現在他們面前的機遇好得多。

第40講

浪費，傷人又傷己

「傷害了一個人，就會威脅到許多人！」

　　美國每年消耗的礦產、木材和農產品，如果按照目前的價格計算，價值總額高達250億到300億美元。每年的出口額要超過進口額30億到50億美元，光這些原物料就占去了其中大約20億美元的價值。按照目前的價格計算，所有美國人每年的生活消費總額高達730億美元。但是，等到這些原物料最終以人們需要的使用形式到達消費者手中時──這些產品有可能是餐廳裡的家具、穿在孩子腳上的鞋、農場裡的工具、漂亮的汽車等等，它們的價格卻翻了大約三倍。

　　這是一個有趣又可悲的事實──在這些未經加工的原物料中，其中有大約價值30億美元的材料都被白白浪費掉或隨手扔掉，或者有意無意地被破壞掉。其中一些浪費發生在原物料本身上面，還有一些發生在加工完成的產品上面。這意味著每年在某個時刻被扔掉或浪費掉的原物料價值可能高達5、60億美元，平均到每個美國人身上，大

約是5、60美元；若平均到每個家庭上，則大約是225美元。這種巨大的浪費是因為我們漠視其他人的財物才發生的；表面上我們浪費的是自己的一些東西，實際上我們更是在無窮無盡地浪費他人的財物。

仔細觀察一天，你可能就會看到：

一個隨意丟棄的菸頭燒毀了一座高樓；

一個玻璃盤子，被鑽石輕輕一劃就損壞了；

一個隨意丟棄的牛奶瓶子，刺破了汽車輪胎；

一棟漂亮房子的玻璃窗，成了石子投擲的標靶；

因為缺少潤滑油，一個機器零件生銹了；

因為操作時粗心，一間影印店浪費了一噸紙；

因為一時疏忽，主婦或僕人把好幾磅食物扔進了垃圾桶；

昂貴而美觀的大理石表面，因為火柴留下了劃痕；

酒店、旅館和家裡的瓷器，因為不小心被打碎了；

漂亮的紅木家具，因為一不留神被一腳踩壞了。

諸如此類的清單，如果繼續列下去，可以編成一本書。

你或許已經注意到了，那些技藝純熟的能工巧匠常常隨身攜帶工具，而且總是把它們擦拭得乾淨明亮。然而，在一天工作結束時，由雇主提供的那些工具則被胡亂地扔成一堆。當然，你可能也注意到了，家庭主婦比雇來的廚子扔掉的食物不知要少多少。只要瞥一眼，你就能從外觀

上判斷出一個工人使用的工具或機器是屬於自己的，還是屬於他老闆的；觀察一個司機開車，你也能判定那輛車是屬於那位司機的，還是屬於他老闆的。

因為漫不經心和粗心大意，大多數人已經損壞並毀掉了夠多自己的財物，但是，所有人無一例外地毀掉了更多別人的東西。如果每年都有價值50億美元的物品被毀壞，那麼這個國家的每個家庭就得支付225美元。然而，如果這些東西在下一年沒有被毀壞，那麼平攤下去，每個家庭就相當於提前得到了225美元。

你丟掉或毀壞掉的每一樣東西，都是你自己掏錢買的，要不是掏了一部分錢，就是掏出了全部。你看到其他人扔掉或毀壞掉的每一樣東西，也意味著對你造成了一定的損失，除非那件東西完全是他自己的財物。然而即便如此，仍意味著對整個國家造成了一定的經濟損失，從而意味著也對你造成了一定的損失。面對諸如此類的情況時，既然知道我們最終肯定會為這種毀壞財物的行為付出代價，以後還要繼續如此浪費或毀壞別人的東西嗎？我們提到過的這些浪費和毀壞行為，還只是可以計算和評估出損失價值的一部分，還有更多的部分，其損失價值很可能是我們無法判定的。

即使我們忘記了以其他形式來節省，但如果我們減少那些使自己有罪惡感，而且是可以避免的浪費和毀壞行

為，這個國家也能在一個世代的時間內變得令人難以置信地繁榮富強。在二十年內，我們國家的物質財富會增長三分之一。此外，被搶救的財產及其自然孳生的利息就足以買下南美洲、非洲和澳大利亞。如果你現在二十一歲，下面這些就是自從你出生以來我們已經扔掉的財物——三大洲，除美國之外整個世界現有財物價值的五分之一。再想一想吧，我們在七十年時間內從毀壞或浪費中搶救出來的財物，應該足夠買下整個世界了。

如果你同意我們所說的，認為對於萬物之靈的人類來說，停止浪費和毀壞自己以及別人財物的時候已經到了；那麼，讓我們從今天開始，改正自己這種浪費和毀壞東西的壞習慣吧。然後，還要盡己所能，讓其他人也停止浪費和毀壞自己以及別人財物的做法。

或許第一個說出這句話的是你的曾祖父：

「任意浪費必然招致可悲的貧乏。」

——巴西爾（Basil）

還有人說過這句話：

「集合眾人之力，偉大的工程也能輕鬆完成。」

——賀拉斯

第41講

安全的投資

「人的一生中，在兩種情況下不該進行投機行為：
一是當他負擔不起時；二是當他負擔得起時。」

—— 馬克吐溫（Mark Twain）

這年頭，不管是男人還是女人，如果因為錯誤的投資而損失了錢財，這個人將不會得到朋友們的絲毫同情。

對於大部分的男男女女來說，造成投資失利、損失錢財的原因是他們不清楚在生意場上什麼事情是可能的，什麼事情是不可能的。每個人都想把錢投資在能得到豐厚回報的地方，這是自然而然的事情。但是，他們卻沒能意識到，他們不可能既得到15%或20%的收益，又保證他們的本金絕對安全。

他們不知道，如果有一個安全的投資項目，保證你能得到15%或30%的回報，這種好機會肯定會立即被那些有雄厚資本的人抓住，絕對不會留給平民大眾。

當某個人告訴你說，他現在有一項「絕對安全」的投資項目，甚至能保證你得到高達15%的報酬，那你可以肯

定根本沒有那樣的好事，而且愈早擺脫他愈好。

有幾個安全的地方，是可以把錢存到那裡以賺取一些利息，而且是婦孺老少都知道的。

（1）你可以把錢存進一個銀行帳戶，銀行會給你可觀的利息，就像把現金放入口袋裡一樣方便。

（2）你可以購買一些通常由實力雄厚的銀行機構交易的各種債券和股票。

（3）你可以購買一些經信託公司和保險公司評估認定是正當投資的不動產或農場抵押。

任何人再也不能以「不知道怎麼在保證本金安全的條件下讓錢滾錢」做為損失錢財的藉口了。無論是誰，只要他識字，並理解這些字的意思，就應該聽說過以上這些安全的投資方式。

有些人不充分利用本身的知識，反而把錢投資在自己不瞭解的領域，或者是不那麼確定的領域；這種人要不就是不會管理錢，要不就是完全憑直覺下賭注。前者應該向那些經驗豐富的商業人士請教諮詢，後者應該把損失歸咎於他自己的頭腦。

瑪麗・安德魯斯夫人在起訴詹姆斯・史密斯時說：「史密斯先生在賣給我那些股票時告訴我，我每個月都能得到30%的紅利。」詹姆斯・史密斯是一名「股票掮客」，她控告他設下圈套欺騙她。

安德魯斯夫人購買了一家機械公司的股票，並且聲稱她被騙走了1萬美元。

諸如這種駭人聽聞的詐欺，都是那些向大眾承諾說有一項「投資」會帶給他們豐厚的利息，或者會讓他們發一筆大財的人幹的；不過，現在這種欺騙能夠吸引的人愈來愈少了。幾乎每個人身邊都有一些熟人，不幸地成為這種欺騙性「投資」的受害者，並且從中得到了難以忘懷的教訓。

如今，愈來愈多的人寧可依靠他們的存款，以獲得適量的利息收益，也不願意指望那些能讓他們迅速暴富的「機遇」。

踏實而理智的人，都知道賺錢有多麼不容易，因此他們得出了一個結論：「保證資金安全總比將來後悔好。」

「不要把信賴託付在你的錢上，而要把錢託付在你信賴的地方。」

——賀拉斯

把你目前不需要用到的所有閒置資金用來產生利息吧！你今天存下來的1美元，到了明年或許就能買下價值2美元的東西了。它會自然而然地增長50%或100%，而且不需要碰任何運氣。

只要能避免不必要的開銷，你就能讓你的錢為你帶來夢寐以求的巨大回報，而且還能保證這筆錢絕對安全。

「沒有人會讓自己的錢遠離自我掌控，或者讓它們落入不認識的人手中。」

——培根

第42講
勿小看利息

「巨額財富是由小額利息增長得來的。」

因為使用房屋而付出去的錢，是「房租」；

因為你的勞動而付給你的錢，是「工資」或「薪水」；

因為你的錢做的工作而付給你的錢，是「利息」。

利息，大概是唯一一種不用你為了它親自工作，卻肯定能得到的錢。

當你從自己的收入中省下1美元的時候，看著它！想想看，它實際上代表著你的一部分生命、精力和青春。你可以把你的這一部分生命、精力和青春保存起來。你也可以把它花得分文不留。你可以把它存進銀行，它會在那裡等著你，為你工作，而且每隔六個月就會把它賺來的「工資」——也就是「利息」——交給你。

你可以讓每天工作背後的精力和青春一而再、再而三地為你賺錢；你可以讓它們守候在你身邊，成為你的賺錢助手，為你剩下的人生賺取利息。你也可以一次就把它花

掉，然後這筆錢就永遠地離你而去。如果你把它存起來，每六個月，藉由你的存款所產生的利息就會自動增加到你的銀行存摺裡，因此你可以持續坐收利息孳生的利息，而你存在銀行裡的錢就會不分晝夜地一直增長。

在日復一日的生活中，不要把你用青春和精力辛苦換來的錢花掉。你可以把你的健康和精力兌換成現金，並把它們存到信賴的地方。當你需要這些錢的時候，就可以把它們取出來。

下面是一個有錢人講述的故事：

「當我還是一個年輕小夥子的時候，在我們工作的辦公室裡，我聽到其中一位年長的人說，當錢放在口袋裡時，他怎麼也留不住那些錢，但是當他把錢存進銀行的時候，要保住那些錢就沒有任何問題。於是，我帶著2美元的鈔票信步走到了銀行。」

「當我帶著那2美元的鈔票走進銀行的時候，我不是認真的，並沒有把自己當一回事，只把這件事當作和自己開的一個玩笑。但是銀行窗口的職員看我的時候非常嚴肅認真，就好像我遞給他的是2,000美元一樣。等他填入我的姓名和地址，給我開好銀行存摺之後，我來到了儲蓄部經理坐著的辦公桌旁。他也相當恭敬地對待我，彷彿我是他們最大的儲戶。在我和他交談之前，就已經意識到了，或許我邁出了人生中最重要的一步。我不再覺得我的存款

額是如此微乎其微，就像個笑話一樣。我開始頓悟，存多少錢並不重要——重要的是我已經開始存錢了！」

「在接下來的整整一個月中，我發現自己開始在這裡省下1角的硬幣、在那裡省下25美分的硬幣。我並沒有讓自己將就著缺這少那地生活，我只是稍稍制定了一個計畫。因為我在節約方面不是很有經驗，因此第一個月我存了10美元。在我看來，那筆登在我銀行存摺第一頁上的10美元，比我後來每個月的工資還要多、還要重要——因為那10美元是屬於我的，是完完全全屬於我的。剩餘的錢還得用於支付膳食費、房租，以及零零碎碎的開銷，而這些開銷就像一個無底洞，足以吞掉一個年輕小夥子的微薄工資。」

「在第一年間，我存下了將近200美元，並因為這些錢一直存在那裡，收穫了3%的利息。即使是在那一年結束的前兩個月存進去的錢，也給我帶來了兩個月的利息。我存進去的錢一分也沒有取出來過，因為我把錢存進銀行就是想讓它們為我工作，而不僅僅是把它們放在一個安全的地方過一陣子。」

幾年前一位著名的百萬富翁去世了。他在省錢方面有著精明的頭腦，這與在花錢方面有著精明的頭腦不同，否則他也成不了百萬富翁。從某種意義上講，他堅持認為錢也應該有實際性的工作可做，而且每時每刻每分每秒都應

第43講
金錢好比水資源

「如果說藉由減少浪費，能得到足以過著舒適生活的收入；那我因為確知自己沒有浪費任何東西而感到無比慶幸。」

—— 查爾德斯（Geo. W. Childs）

據估算，美國的財富總額大約是3,500億美元，超過了法國、英國和日本三國的財富總和。

在計算本國財富時，我們把土地、森林、礦藏，以及其他所有的自然資源都考慮進來了，但水資源卻被排除在外。水，是所有財富中最重要的自然資源；不管是在地上，還是在地下，水都比其他任何東西具有更高的生產力。但是，在計算美國的財富總和時，我們卻將水忽略了。

然而，我國的水，卻比所有金礦和銀礦加起來的價值總和還要高。我們這裡所說的水並不是指水力——而是指水，普普通通的水，裝在茶杯裡的水。如果沒有了水，我們就不會擁有財富；如果沒有了水，沒有了雨水、沒有了

河水、沒有了海水，沒有了從地表蒸發又從天而降回到地上的水，我們國家這個豐饒的花園，這個為一億多人口提供豐富物質的美麗花園，就會變成一片茫茫無際、荒涼沉寂的沙漠，不是這裡裂開，就是那裡裂開，聳立起光禿禿的山峰，而且還會刮起漫天飛揚的沙塵。

水，加上土壤，就能發揮出生產食物的價值。但即使沒有土地，水本身也具有生產更多食物的價值。一公頃的大海在一個星期內生產的食物，比我國最肥沃的一公頃土地一年內生產的食物還要多。密西根湖湖水的價值，比整個世界上能計算出來的財富總和還要多。

一品脫的水比一品脫的黃金還要珍貴。水，流入地表──滋養樹木──蒸發到空中──再次回到地表。水，永遠不會從這個世界上流失，因為隨著四季的更替，水一直在進行從地表回到地表這一無窮無盡的迴圈。然而，水卻有可能從一個國家流失，它會從我們這裡流走，流進海洋，並從此流到非洲的海岸去。

或許你以前從來沒有想過，對於一個國家來說，水是最寶貴的財富資源。你一直以來總會忽略水這種如此普通的東西。它是如此熟悉，如此經常地出現在我們面前，以至於你從來都沒有重視過它。你可能從來沒有想過，我們應該節約用水並保護水資源，而且我們也能夠做到。

關於這種經常被忽略的財富資源的思索，應該會產生

一種作用——在你的腦子裡植入這樣一個問題：你是不是也有可能忽略了個人財富中一些熟悉的資源呢？比如，近在你手頭上的一些收入，用這些錢，你可以儲存更多的錢，並且保證它不會從你手邊流走，不會流向遠方的陌生人那裡，變成別人的利潤。

花掉的錢永遠不會從這個世界上流失——就像水永遠不會流失一樣。但是，從山坡上流下來的水，經由河谷流入大海之中的水，一去不復返了。這些水帶著自身的價值，流向了那些有眼光，能看到其價值的人那裡；流向了那些有智慧，能將之化為己有的人那裡。可是，當你需要錢在自己家的時候，你花掉的錢卻都跑到鄰居家裡去了。

仔細觀察一下自己的生活，看看能不能在你以前從來沒有省過錢的地方省出錢來。生活中肯定有一些地方，能在某種程度上省出大量的錢，只是被你忽略了而已——就像你忽略了「水產生的財富比黃金更多」這一事實。

保護水資源，意味著種植更多的樹木森林，以便保存我們現在擁有的水，因為樹木好比磁鐵，會從空氣中汲取水分，並形成湖泊與河流。保護水資源，意味著盡可能長時間地把河流保留在自己家園的土地上。

而「保護錢資源」，意味著讓花錢的速度更慢一些。「保護」就是節省——節省並不是暗指或意味著不花錢；它意味著在錢流到其他人那裡之前要更加謹慎、更加明智

第44講
工作、省錢、存錢

「如果這個世界不認可你的才華，不要氣餒，不要抓狂。有時候哀兵必勝，但一個氣餒的人永遠也不會取得勝利。」

「如果我是一個補鞋匠，我會盡自己最大的努力，成為最好的補鞋匠；如果我是一個是焊鍋匠，我會讓世界上的焊鍋匠沒一個能像我這樣巧妙地補好一口舊鍋。」

只管重複以上這段話，直到你領會它們的意思，直到它們深深地植入你腦袋裡的某個角落，並且每天、整天都在你的腦海和心海中不停地歌唱。如果這些話在你的心中來來回回地浮現，你就會產生更多新的想法，把工作做得更好，賺到更多的錢，爬上更高的社會地位和經濟地位，讓自己更加快樂，同時也讓你愛的那些人更加快樂。

這些話會讓你唸書到深夜，讓你相信自己的衝勁，讓你在處理老問題時想出新方法，讓你把手中擁有的任何東

西都變成一件藝術品。這些話會訓練你如何抓住機會，抓住降臨到每個人身上的大好機會，這值得你做好充分的準備，並利用這樣的機會。這些話會教導你不要指望別人擺好棋盤等你下棋，而是你要在自己面前主動擺好棋盤，然後玩這個遊戲。

這些話會教你如何獲得力量，因為「力量來自於堅持不懈和反覆再三的努力。當你在某件事的表現比別人更加出色時，你就獲得了力量；如果你能輕而易舉地做好這件事，並且感到心情愉快，那這件事就是適合你的事業」。

你一直在建造空中樓閣——我們所有的人也都在做這樣的事，而且我們當中最強的人傾其一生，都執迷不悟地反覆做著這樣的事。好吧！或許你們之中有些人的城堡竣工了，但卻缺乏堅固的地基。因此，現在你們所有人不得不做的事情就是穩穩地打好地基，埋好奠基石。

今年就開始行動，並完成這些工作！

把這些城堡的地基打好了，等到來年的元旦，你就可以著手準備繼續建造其中的另一座城堡了。

從這個星期就開始著手建造其中一座城堡吧！不要傻呼呼地站在後面只想著你得做些什麼來完成這些城堡，才能讓它們和你希望中的一模一樣。你也知道，一次就完成所有的工作是不可能的。

你能做的最奢侈無度、代價慘重的事情就是——浪費

時間。你用於工作、學習、娛樂或休息的每個小時，都欠你一些東西，它們應該讓你有所收穫。它欠你什麼，就讓它償還給你什麼吧！珍惜時間，會讓你保持思維敏捷、心智成熟、身體年輕、錢包鼓鼓。

你的財富並不僅僅取決於你賺到了多少錢，而取決於你用收入做了些什麼。導致一些人過著勉強糊口的生活，或是讓一些人不得不靠丈夫或父親養活，其原因不是他們缺少錢財，而是他們太會浪費錢財了。每年存下一筆可觀的錢，並不需要任何特別的智慧或美德。一個人只要把收入存一部分起來（不管這一部分有多麼微不足道），他就能成為自己的主人。對他來說，那筆存款就是他的力量泉源。他會因此而煥發出快樂，會充滿勇氣，會快活地哼著小調兒開心地工作，會一日三餐享用豐盛的食物，並會在晚上酣然入睡，一夜無夢。

財富只是一種常識。它意味著建立起你自己的生活標準，而不要讓你的鄰居們對你發號施令，為你指定一種生活標準。

「財富始於一個不透風漏雨的屋頂，會把風雨擋在外面；財富始於一個結實好用的幫浦，能為你汲取大量甘甜的清水；財富始於兩套衣服，可以讓你在一套衣服髒了、濕了的時候換上另一套；財富始於一堆乾燥的柴火，可以為你燃燒取暖；財富始於一盞有著兩根燈芯的油燈，給你

帶來明亮；財富始於一日三餐有吃有喝；財富始於代步的一匹馬或一輛汽車，可以在原野上馳騁；財富始於一艘小船，可以漂洋過海去遠航；財富始於那些工具，可以用來勞動和工作；財富始於那些書籍，可供你閱讀和學習。」

約翰‧海耶（John Hay）曾說過，如果他在那個下午離開了他的辦公室，那麼他的人生可能早就改寫了。所以，不要輕言離開。

還有一個故事：有一天，馬克‧漢娜因為生意上的事情，需要親自拜訪菲力浦‧阿莫爾。馬克‧漢娜的秘書把會面的時間定在「星期二的下午一點」，那是阿莫爾先生唯一的空閒時間。馬克‧漢娜去的時候，發現這位食品加工包裝業的巨頭正坐在椅子上讓人給他刮臉，同時一邊吃著午餐，一邊口述事情，讓他的速記員記錄下來。這就是他擁有的唯一空閒時間！

像菲力浦‧阿莫爾這樣的人，為了讓自己的名字傳遍每一塊陸地，讓全球的人們用各種不同的語言書寫他們的名字，就必須付出代價，這個代價就是努力地工作。任何一個心有所鶩的人都必須付出這樣的代價。在自然界這個偌大的商店裡，沒有討價還價的餘地。富人和窮人之間、大人物和小人物之間的區別就在於工作。不是勉為其難地去工作，而是充滿熱忱地去工作，如此就能把最普通的勞動變成一種工藝；如此就像「如果我是一個補鞋匠，我會

盡自己最大的努力，成為最好的補鞋匠……」所說的那
樣。如此的方式去工作，就是這種觀念：開心快樂地工
作、聰穎明智地省錢、堅持不懈地存錢。

第**45**講
理智消費、計畫存款

「儲蓄的習慣本身就是一項教育；它加強了每個美德，教導了自我節制，培養了秩序感，訓練了深謀遠慮，也因此使心胸開闊。」

「你每失去一樣東西，就會得到某樣東西。你每得到一件東西，就會失去某件東西。」補償法則無時無刻不起作用。

在揮霍浪費的習慣這一誘人的毒害之下，男子氣概的德行和朝氣蓬勃的精神，就會像太陽下的無花果一樣迅速衰敗。奢靡的生活會孳生浪費錢財的惡習，而浪費錢財的惡習會孳生墮落的心靈。

國人強，則國強。

華盛頓軍隊裡的狙擊手不會乘坐裝有軟墊的汽車，不會穿長筒絲襪。他們有的就是一身硬骨頭——這都是與儉樸的生活和節約的習慣相生相隨的。

如果沉迷於奢靡的生活，即使最濃稠的血液也會變得稀薄。昔日的希臘人曾以幾百人在溫泉關將輝煌至極的波

斯遊牧部落打得潰不成軍。但是，在享受了一陣子富有而安逸的生活之後，這個英勇的民族竟然變得柔弱且毫無男子氣概，他們在夏天佩戴一些輕巧的飾品，到了冬天就換戴重一些的飾物。

這就是最後的結局。

希臘文明終因那些至死維護希臘傳統的人而失落。

「貴族階層無所事事的時代已經一去不復返了。我們已經變成了一個勞動者的國家。我們發現，造就一個優秀士兵的品格，也能逐漸形成一個好公民。」

「只工作不娛樂，聰明的人也變傻」這句諺語，與「玩得瘋狂死得早，工作努力活得長」一樣，都是不證自明之理。一心只想玩而不工作的人肯定會漸漸地形成犯罪心理，就像一心只有工作而不玩樂的人會變得沉悶乏味、缺乏想像力一樣。

我們這個國家需要的是：愈來愈多工作的人和節儉的人，愈來愈少懶惰的人和揮霍的人。第一次世界大戰之後，所謂的消費者「罷買」行動，實在是緣木求魚。要降低物價，並不一定要停止購買行為，而停止浪費行為才是唯一有必要做的事情。

努力工作，只購買你需要的東西，以及你能安心享用

的東西，將剩餘的錢都存起來。

　　一個人不會獲得真正的成功，除非他學會了工作和節省。讓我們開始行動吧！

　　如果我們在花錢的過程中，也能夠像我們在賺錢過程中那樣動腦筋，哪怕只動用一半的腦筋，過不了多久，我們每個人就都能達到寬裕的經濟狀態。在最近這些高物價、高工資和高收入的日子裡，有不少人為了讓收入足以應付支出，費了不少苦心努力。不幸的是，其中有許多人沒能量入為出，無法實現收支平衡，大概有5%到10%的人，日子過得一月不如一月，因為他們賺的錢總是不夠應付開銷。

　　賺的錢愈來愈多並不會讓物價上漲，反倒是花的錢愈來愈多才會讓物價上漲。因為花錢愈來愈多會導致一些東西的需求量增加，然而在同一時間這些東西的供應量卻沒有增加。當大多數人花的錢較平常多時，物價就會立即上漲，且愈來愈高。如果大多數人花的錢較平常少，那麼物價就會立即下跌，且愈來愈低。理智審慎地消費、有計畫地存款，會帶來幸福的生活、舒適的家庭和經濟獨立的未來。你是自身未來的管理者，也是你的家庭未來的管理者。

　　「生活中有一條非常重要的規則──要根據我們目前

的情況縮減我們的慾望。

不管我們期望得到什麼東西，都應將之控制在我們實際擁有的能力範圍內。如果我們一心期望自己擁有美好的未來，當這一天到來時，我們可能就不會感受到它帶來的樂趣，而且我們往往很可能永遠都得不到令我們如此盲目期待的東西。」

　　　　　　　　　　　　　　——愛迪生

第46講
跟上世界轉動的節奏

「將所有你對於人生的看法都導向堅定但溫和的獨
立；否則，沒有人能夠活得快樂，甚至無法誠實。」
　　　　　　　　　　　　　　　　　　——朱尼厄斯

　　做為整個民族，我們是自由且獨立的；然而，做為一
個家庭或單獨的個體，我們可能是自由的，但我們之中的
許多人卻不是獨立的。

　　讓我們宣布：從一時流行的狂熱和嗜好中擺脫出來，
從愚蠢的習俗和代價高昂的習慣中擺脫出來。對於大部分
人來說，盡早實現我們在這個世界上獨立的經濟地位是完
全有可能的，而且也是我們能夠輕易做到的——只要我們
從現在開始下定決心，並帶著堅定的意志力，毅然決然地
為未來的經濟獨立而努力工作。

「經濟獨立，不僅可以在相對的富足中找到，也能在
絕對的富足中找到。我的意思是，一個人應該將他的
慾望控制在自己的財力範圍之內。」
　　　　　　　　　　　　——申斯通（Shenstone）

從來沒有人見過像今天這麼多的機遇。現在是「工作找人」，而不是「人找工作」。每個人都感受到了賺錢是多麼前所未有的容易。這是工薪階層的時代。現在人們的現金收入比以前增加了30%到100%。每個勞動者在國家這部大機器裡發揮的作用愈來愈重要。這種變化不僅改變了人們的經濟狀況，還改變了人們的心理狀況。人們感受到自己的價值，覺得自己受到了尊重，他們用新的目光看待自己的工作，心境也為之煥然一新。他們已經提升到一個新的水準和位置，不僅會做好別人安排他們做的事情，還會主動去做他們認為自己應該做的事情。

　　還有一件非常重要的事情——保存你的活力。這是一個容易讓人興奮的時代，人們都在高速工作。當夜幕降臨，一天的工作結束時，人們需要的是休息，而不是繼續興奮。有些優秀的金融家一天工作十四個小時。他們如此繁忙，在乘坐電梯上上下下的時候，或者當他們坐火車在家和辦公室之間來來回回的時候，或者當他們坐在汽車內調轉車頭從一個董事會議趕往另一個會議的時候，這些空檔時間也被安排用來會見拜訪者。這些人都在極高的壓力之下工作，沒有時間到俱樂部、飯店或劇院裡去尋求「放鬆」。你會發現，他們過著從家裡到辦公室兩點一線的生活。每當閒暇時，他們就會和家人一起去郊外度過一段輕鬆而寧靜的時光。這是讓疲憊的大腦和身體得到恢復的唯

一方法，也是重新獲得體力的唯一方法。這樣他們才有可能努力工作一整天，並一直忙碌到深夜，而且在第二天早晨還能精神煥發地走進辦公室，迎接新的一天。

一個用雙手工作的勞動者，到了晚上的時候，和那些用大腦工作的聖賢哲人一樣，都會感到筋疲力盡。一個機械工的血肉之軀和鐵路局局長的血肉之軀一樣，都抵擋不住疲憊的侵襲。一個為了一天的報酬打零工的人和一個鋼鐵廠的老闆一樣，都需要休息和安靜，才能產生新的活力。不僅如此，那些待在家裡白天看書學習，到了傍晚開始休息的人，也不是在白白地浪費錢。

晚上在家裡休息的時候，仔細地想想這個事實吧——你，是世界這部大機器上一個至關重要的小齒輪。你所做的工作和其他任何一個人所做的工作一樣重要。發生在歐洲的戰爭會影響我們這個國家，也會影響到你這個獨立個體。你更加努力地工作，從中賺到更多的錢。你是這個世界的一部分，如果它迅速地轉動，你就必須跟上它的速度。但是，心智健全的人會讓自己適應這種迅速的節奏，和它保持平衡，如此一來，即使世界這部大機器的速度驟然停下，也不會把他拋出去，甩到不知名的地方去。

不管是男人還是女人，只要擁有今日可觀的收入，卻依然具備像前輩們那樣過節儉生活的常識，你就會知道這樣做能給你帶來什麼好處。

「如果一個人相信自己能做到，那他已經在成功之路
上走了一半。」

——比林斯

　　下面是一位女人送給所有父母和女孩的一段金玉良
言。這位女人，自出生以來，其一生就像玫瑰花床一樣稱
心如意。「一個女孩沒有權利結婚，除非她懂得烹飪、烘
焙、縫紉、購物，以及勤儉持家。不管她要嫁的那個男人
多麼富有，她都必須學會所有這些事情。為什麼這麼說
呢？馬丁夫人擁有一座富麗堂皇的大房子和五個僕人。然
而她告訴我，如果她的母親以前沒有教會她如何做好每件
家務事，她絕對不可能把這個家管理得如此井然有序。現
在，她知道每件事情應該怎麼做才妥當，因此那些僕人別
想唬弄她一分半秒。她看起來非常自豪地說：即使那五個
僕人全都離她而去，她也能立刻圍上圍裙，親自下廚，並
把飯菜準備妥當，還比那五個專業的僕人做得更美味。」

「若我們的生活不是依據理智的光輝，而是跟隨他人
樹立的潮流，將對我們尤其有害。」

——塞內卡

第47講
財富使人勇敢、沉著、莊嚴

「勇敢、沉著、莊嚴地前進，沒有什麼能阻擋你的步伐。」

勇敢地前進，意味著在前進的時候有所把握，充滿鎮定和自信的氣勢。在當今個人競爭激烈的時代，要想贏得競爭，就得勇敢、自信。不幸的是，有些時候，我們會把精力旺盛或厚顏無恥與大膽勇敢混為一談。一些人厚著臉皮、恬不知恥、魯莽行事也能成功，但是，真正的成功總是會屬於那些勇敢無畏、行事穩當、沉著冷靜、有信心贏得勝利的人。

沉著地前進，意味著在前進的時候不過於激動，不發出不必要的聲音。平和寧靜始於鎮定沉著和有所把握，知道那是一條正確的道路，然後堅定地繼續走下去。

莊嚴地前進，意味著在前進時要表現出至高無上的尊嚴，如此會贏得每個人的尊敬，吸引每個人的注意。人格尊嚴會帶著一個人走得很遠很遠。有尊嚴的人，邁著威嚴的步伐到來時，會輕易地穿越熙熙攘攘的人群，而擁擠在

他身邊的人們也會自動退後，讓路給他。

有些時候，我們會把尊嚴和自以為是、狂妄自負、自尊自大混為一談。狂妄自負或自尊自大的人永遠不會有尊嚴，因為他們的行為愚蠢而可笑。

在事業上贏得他人尊重的人、在法庭上讓陪審團有所動搖的律師、在演講中吸引聽眾的演講者，這些人一定是勇敢的人、沉著的人、有尊嚴的人。讓一個人有尊嚴的不是他所處的職位和地位，早就有人一語中的：「真正的尊嚴絕不可能因為職位和地位而得到，也絕不會因為榮譽的消退而失去。」對一個有能力實現這一點的人來說，尊嚴並不是靠職位和地位得來的。

在我們國家裡，最有尊嚴的職位是總統，而且這一職位因為一些已經坐上總統席位的人而變得更有尊嚴。但是「有尊嚴的職位會增加人格的尊嚴；如果給我們一個引以為豪的職位，我們就會受到激勵，不由自主地按它的要求行事」。剛毅誠實的勇敢、自信的沉著，以及真正的、令人震撼的尊嚴，都會因為金錢的力量得以增加和鞏固。

那些有財產的人，或者那些有著穩定且豐厚收入的人，當他們走在大街上的時候，我們能夠輕而易舉地將他們和那些花的比賺的還多的人、在銀行裡沒有存款且口袋裡所剩無幾的人區分開來。即使一小筆錢也能增加一個人對自己的信心，並讓他能夠冷靜地處理和掌控棘手的情

況。

　　那些賺的比花的多得多的人，會不斷地增加他的銀行存款。這樣的人會變得勇敢、沉著、有尊嚴，因為他知道自己正不斷地獲得在朋友和社會中的影響力，他的存款每增加一美元，就會增加他的力量和他對成功的把握。

　　錢，除了能夠讓我們過上舒適的生活，甚至可能是奢侈的生活以外，還有一些其他的用處。一個人所擁有的財產會增加他的才幹，會讓他邁出的步伐更加輕快，而且當他沿著街道走過來的時候，會讓人們注意到他，並紛紛喊道：「看啊，那邊走過來一個人。」

　　一個人只要存有一些錢，就不必在任何人面前卑躬屈膝，也不必對任何人奉承阿諛。他這麼做是在長自己威風，滅他人志氣。不管一個人的收入有多少，也不管他是向別人推銷產品，還是應徵一個職位，如果他不能從中省下一部分錢，就可能發現很難讓別人相信自己具有超凡出眾的判斷力和出類拔萃的能力。正如國內一位生意人最近所說的：「亨利在處理他自己的事情時都做得這麼差勁，因此，我很擔心他根本沒有能力為我賺什麼錢。」

　　要想獲得成功，一個人必須看起來有成功的樣子。一套剪裁得當、做工講究的新衣服固然能增加人的尊嚴，但裝在一個人口袋裡的銀行存摺能帶來更多的尊嚴。銀行存摺會時刻不停地提醒他正在通往成功的路上，提醒他現在

就要做好準備向前或向上再邁出一步。

我們必須做的頭等大事就是在銀行裡存一筆錢，然後，不管是銷售商品，還是在陪審團面前為一個案件做辯護，還是走進銀行貸一筆款，抑或是應徵一份工作，我們就都能做到「勇敢、沉著、莊嚴地前進，沒有什麼能阻擋你的步伐」。

第**48**講
存錢，從當下開始

「錢包見底的時候才開始節約就太遲了。」

——塞內卡

　　上面這句忠告，出自古羅馬最有智慧的哲學家盧西烏斯·阿奈烏斯·塞內卡之口。他生於耶穌基督誕生之前，死於耶穌被釘死在十字架上之後。他的思想歷經兩千年的歷史長河傳遞給我們，現在仍然值得我們認真思索。

　　塞內卡不是一個貧窮的人，事實上，儘管算不上特別富有，但他仍是一個擁有很多財產的人。他是古羅馬的元老院議員，曾經有一段時間身為當時的羅馬皇帝尼祿的老師。他曾試圖向年輕妄為的尼祿灌輸自己的思想，但是愚蠢而頑固的尼祿根本就不願聽取塞內卡的建議，也不願聽取其他任何人的意見。

　　尼祿將他自己的財富和整個國家的財富全部揮霍在荒淫奢靡的生活中。他行事不周、缺乏考慮，而且不負責任。也許你還記得歷史書上說的，當羅馬這座偉大的城市被焚毀而灰飛煙滅時，尼祿還在拉著小提琴自娛自樂。他

是不是真的在拉小提琴並不重要，但是他確確實實是在拉小提琴中浪費了他的時間，揮霍了他的財富，並且讓這個強大的帝國走上了衰亡的道路，最終覆滅。

在過去幾年時間裡，我們經歷了一段更加繁榮的時期，這種繁榮是古羅馬人望塵莫及的。古羅馬以前花費數百元的地方，現在我們要花費數千元。許多勞動者，其中一些人從來沒有接受過學校的基礎教育，可他們最近獲得的財富卻比當年的塞內卡擁有的還要多。

我們比塞內卡那個時代的羅馬人更加恣意揮霍金錢。其中一些錢我們花出去，並產生了良好的成果；但還有一些錢卻被我們白白浪費了。

齊默曼（Zimmerman）曾經說過：「在榮華富貴之時小心謹慎地做一個節儉的人，就不用擔心有朝一日身陷困境。」

很顯然，有些人早已領悟到「錢包見底的時候才開始節約就太遲了」這句話的涵義，而且已經開始慎重地盡一切所能存錢了。這是一個好時機跟隨大家的作法；人們都在節省用錢，努力存錢，而且表現得比過去任何時候都還要努力。

有許多人認為他們目前存不了錢，是因為生活開銷實在太高，或者他們的收入實在太少。其實，存錢和花錢一樣，關鍵是看這個人有沒有實踐的慾望。當存錢的慾望勝

過花錢的慾望時，銀行裡的存款額就會開始呈現增長的趨勢。

富人們都很節儉，因為他們之中的大多數人都是藉由這種方式變得富有的，他們懂得節儉會給自己帶來什麼回報。小康的人也很節儉，因為他們也是透過這種方式步入小康，並開始走在通往財富的大道上。窮人們也應該節儉，因為沒有人喜歡陷入貧窮，而節儉的習慣卻能在很短的時間內讓大多數窮人擺脫貧窮。

「對任何人來說，公開承認自己貧窮並不可恥；不做任何努力擺脫貧窮，才是真正的可恥！」這是生活在兩千三百年以前的古希臘歷史學家修昔底德（Thucydides）說過的話。不管是在他編寫希臘歷史的那個時代，抑或在今天，人類的心智都依然按照相同的方式在運轉和活動。

奧維德生活在一千九百年以前，當時人們的思維運作和現今無異。我們的救世主十歲的時候，他寫的東西對今天的許多人依然非常適用，而且就像對他那個時代的人們一樣適用。

「人們對於命運和未來的事物是多麼盲從啊！
當我們得意於自身財富時，是多麼不願意節制啊！」
──奧維德

第49講
現代人的財富

「那些花費超過所得的人們之中，沒有人是富有的；
那些收入超過支出的人們之中，沒有人是貧窮的。」

——哈利伯頓（Haliburton）

生活在大約西元前兩百年的一位古羅馬喜劇詩人和我們現在一樣，在作品中唏噓感歎「舊日的美好時光」。在描述古羅馬城的時候，他寫道：「我只希望過去的生活方式和節儉習慣在這裡能夠得到更多的尊崇。」

大約在西元前四五〇年，古希臘的首都雅典最富有的人名叫卡里亞斯（Callias）。當他的孫女和那個時代最偉大的政治家、將軍阿爾西比亞德斯（Alcibiades）結婚的時候，他送給孫女一筆巨額財產做為嫁妝，這一舉動震驚了這個文明的國家。你能猜出他這份慷慨的新婚大禮到底有多少錢嗎？1萬2,000多美元！我們可以想一想，在我們這個國家，如此眾多的人之中，如果女兒或孫女要嫁給這個國家最出類拔萃的男人，有誰能夠給女兒或孫女置備1萬2,000美元的嫁妝呢？

德摩斯第尼（Demosthenes）是古希臘最著名的演說家。他和母親、妹妹生活在一起。據史料記載，「除去房租後」，他們一家靠著一年120美元的收入過日子。他的父親是一位商人，給他們留下了一筆14塔蘭特的錢財，這在當時算得上是一筆相當可觀的財產。

　　1塔蘭特折合成現在的錢約是1,225美元，因此，一個擁有14塔蘭特的人，也就是大約1萬7,000美元，在當時應該是一個有錢的人了。當然，他們之中最富有的人還是卡里亞斯。據估算，他的財產多達200塔蘭特，也就是大約24萬5,000美元。與現在許多美國人擁有的數百萬美元相比起來，並不算多。但是，在西元前的時代，1塔蘭特一年的利息大約有17美元，一個雅典人單靠1塔蘭特產生的利息就能生活得非常體面。

　　在十二世紀，歐洲的生活花費上漲了。但即使在那個時候，一個人支付50美元的租金，就能租下一個農場一年的時間，並附帶三匹馱馬、二十頭牛和兩百隻羊。他還可以雇到臨時的收割工人，一天只要4美分。當時，倫敦上議院的大法官一年的收入只有大約200美元。在那個年代，一年24美元就可以算是豐厚的收入了，日工資平均是3美分。

　　大約十五世紀的時候，物價進一步上漲。那時候，一雙鞋子或一馬車的木材要花費7美分，一隻肥羊的價錢是

19美分。一八一二年發生在美國的戰爭結束後，鞋子的價格就攀升到了1.2美元一雙，而農場工人一個月的工資是12美元。

美國內戰結束後，大約在一八七七年，一磅重的感恩節火雞肉要花費9美分，早餐吃的鹹肉則是6美分一磅。但那個時候，工作一天能夠賺到1.5美元，就算是可觀的收入了；一個領工資的人月收入50美元，則算得上是高收入群了。

當生活開銷最少的時候，人們得到的收入也是最少的。

當物價上漲的時候，人們的財富也會隨之上漲。

為了準備星期天的晚餐，今天的人們要花1.5美元才能買到一隻雞，而昔日一隻雞只要1美分。然而今天普通人的生活卻比那個時候的帝王過得舒服多了，因為他們能賺錢，他們有錢了。他們想到的錢都是數以千計，而他們的祖先想到的錢都是圍繞幾美分打轉。

把生活在這個城市裡的泥瓦匠與生活在五十年前的泥瓦匠對比一下，再將他和生活在一百年前的泥瓦匠對比一下。如果你能夠看到他們銀行存摺裡的資訊，你就會發現，現在的泥瓦匠擁有的實際現金比一兩個世紀以前的許多王子擁有的都要多。

如今一個普通婦女每個月存進銀行帳戶裡的錢，比愛

第 **50** 講
老年也是一種機會

「若一個老人除了年齡以外，沒有什麼能證明其活了這麼久的時間，真是最恥辱的事情了。」

生活了多少年，並不是指放任這些年的時間流走——它意味著一個人對事情的把握愈來愈強；意味著他的判斷力愈來愈明晰；意味著他的經驗愈來愈豐富，像一面鏡子，它能清楚地看到並預見未來。

等到一個人五十歲的時候，進行人生旅行所需的東西就會簡化為「一些強烈的本能需求和一些樸素的規則」。他明白自己不能在路旁坐下來休息，必須繼續前行、再前行。不管他已經走了多遠，也不管和他肩並肩一起出發的同伴們還剩下多少。

一個人在四十歲以後會呈現出最佳的工作狀態。

在四十歲以後的七年時間裡，莎士比亞創作出了最優秀的劇本，他的大部分作品也是在這段時間完成的。

凱撒在四十四歲的時候才開始他那輝煌的軍事生涯。

提香（Titian），一位備受世人尊敬和欽佩的藝術家，

他生活了將近一個世紀，並在他的晚年創作出了最優秀的作品。

丁尼生（Tennyson）在他八十一歲的時候出版了畢生最優秀的詩歌《過沙洲》（*crossing the bar*）。

蘇格拉底，歷史上最偉大的哲學家，在他七十歲接近死神的時候，又發表了許多卓越不凡的思想，還提出了許多具有深遠意義的哲學言論。

格拉德斯通（Gladstone），他七十歲的時候才開始學習一門新的語言，並在八十四歲以前，都是他所屬政黨的領導者。在他的晚年，他對自己感到很滿意，因為可以在自己熱愛的學習中度過餘生。

維吉爾（Virgil），為我們奉獻了《伊尼亞德》（*The Aeneid*）的詩人，這是他寫過的最優秀的一部詩作。然而，這部不朽的作品是他在四十歲以後才創作的。而在那段時間之前的作品水準都遠不如此。

克里蒙梭（Clemenceau），法國總理。當他被召回來領導法國的政治命運時，已經是七十八歲高齡了。但是，隨著他的年齡愈來愈大，他的心智力量也愈來愈強，並且愈來愈有洞見。

林肯在五十一歲的時候成為美國總統，這個時候他的才華才漸趨成熟。在此之前他是一名律師，一名很有才幹的律師，但也是到了中年才展現出他拯救整個國家的才

幹。

　　在一個人百年作古之前，沒有誰知道他會有多麼偉大，也沒有人知道他會做出一些什麼成績來。如今，許多精明的商人忙著存錢，打算以後依靠這些錢安度晚年。到那個時候他們的判斷力和經驗將日臻成熟，不再需要為了錢而辛苦地奮鬥，會有更多閒暇時間，他們就可以將自己發展成熟的智力和能力投入到某些研究或追求某些理想。這些都是他們一直熱衷，但現在卻沒有時間去做的事情。至於現在，他們必須賺錢，並把錢存起來。

　　「老年和青年一樣，本身就是一種機會，只是它身穿另一件外衣而已。」

第51講
財富是勞動創造出來的

「如果賦予一個年輕人決心和基礎知識，誰又能為他
的前途設限呢？」

以上這番話是送給從四歲到九十四歲各個年齡層的
人，不管是男人還是女人，同時也是對如何擁有百萬美元
的真實說明。從一開始，在撫養子女的過程中，就應該向
他們灌輸一種思想——他們將來都得自食其力。從他們獲
得第一分錢的時候，就應該讓他們懂得——他們能得到
錢，只是因為他們做了某件事情，所以把這筆錢做為對他
們的獎勵；硬幣不是張口說要就能得到的禮物，如果沒有
先做出與其價值相當的付出，那就不能得到它。

不管是對男孩還是對女孩，重要的是培養他們「簡樸
生活、發憤努力，找到應付艱難困苦的熱情，在解決困難
中尋求激情，像美洲豹一樣剛強中帶著柔韌靈活。」

「滑鐵盧之戰的勝利始於英國板球運動場上的勝利。」
正是在板球場上，那些男孩們鍛鍊出了結實的肌肉、堅強
的抵抗力、自我控制和服從指揮。正是因為這樣，之後他

們才得以拯救自己的國家。不管是男孩還是女孩，首先都必須養成服從的習慣。棒球隊長需要隊員的服從——並得到他們的服從；學校的老師需要學生的服從——並得到他們的服從；老闆需要員工的服從——並得到他們的服從。

當一位感情脆弱的母親傾向於鼓勵她的兒女追求安逸的生活，養成奢侈的習慣，迷戀揮金如土的時候，應該讓她記住這一點：錢是悠哉閒散的紳士和遊手好閒的流浪漢之間的唯一區別。他們在這個世界上的位置是一樣的，他們都喜歡會讓人變得軟弱和墮落的消極快樂；他們都失去了實現任何有價值的東西的願望和能力；他們都失去了讓自己成為有價值的人的願望和能力；他們甚至失去了享受自己選擇的生活的能力。

> 「與其培養一個聰明、敏感、優雅、溫順的孩子，還不如培養一個堅強的孩子，有著結實的肌肉、堅定的意志、堅毅的精神，並且充滿勇氣的孩子。」

一個孩子必須學會採取主動，學會用自己的判斷力做出決定，然後勇往直前，並勇於承擔後果，不管結果是好還是壞；如果是不好的結果，也不要哭哭啼啼。最好的訓練就是犯錯：在學校的操場上，誰犯錯，就會挨其他孩子的打；在生意場上，誰犯錯，誰也會因此而脫一層皮。在

成長過程中懂得自我防護的孩子，已經學會了如何處理棘手的問題。他們能找到解決問題的方法，能享受成功解決這一問題後帶來的成就感——他懂得抵抗就是力量。

培養子女去積極抵抗萎靡不振的軟弱，去抵抗沉迷於花錢的愛好。一個孩子會因為揮霍無度、身心懶惰而成為一個毫無用處的人；而另一類孩子則會走向名譽和財富的大道——「他就是我們要的那種孩子。」

以下說的是休‧查默斯（Hugh Chalmers）的故事：他十四歲的時候，在美國現金收銀機公司打零工，做辦公室的雜工。一天中午，一個客戶走了進來，但那時候業務員們都出去吃午飯了。不，並不是所有的業務員都出去了，還有一個人在那裡呢。姓名：休‧查默斯；年齡：十四歲；工作經驗：無。當其他人回來的時候，他們驚訝地發現，這個孩子居然拿到一筆肥得流油的訂單。休‧查默斯的工作幹得非常出色，在他二十九歲的時候，他的年薪就高達7萬2,000美元。

在他一星期的收入只有5美元的時候，他就開始省錢了。他沒有隨著收入的提高而增加他的開銷，和許多人一樣，他把自己的家庭支出降低到一個適當的數字，並開始積累資本。

阿爾伯特‧哈伯德（Elbert Hubbard）在辛苦工作一天之後的某個晚上寫下了他的傑作——暢銷書《致加西亞

的信》（*A message to Garcia*）。而大多數人在辛苦工作一天之後就躺下來休息，或許那就是我們為什麼沒有寫出任何傑作的原因。

戈登・塞爾弗里奇（H. Gordon Selfridge）是倫敦著名的商人，出生在美國威斯康辛州的瑞盆市。他說工作教會了他「勞動是不可避免的，不需要人們的同情。勞動應該博得人們的喝彩，受到人們的尊敬。財富正是勞動的大腦和雙手創造出來的。」

在這個國家的人們，不管是男人還是女人，當他們清醒地意識到滿足於悠閒散漫的生活是錯誤的時候，都應該感謝這一天，在他們的胸前劃十字感謝主。他們會愛上給他們帶來幸福的工作，在那之後，他們還會愛上工作放進他們銀行帳戶裡的財富。

「財富總是和勤勞形影不離，不管你是推單輪手推車，還是開豪華大轎車。」

第 **52** 講
儲蓄銀行的起源

「當你花錢的時候，你就和這筆錢永遠分開了。」

——佚名

　　人類是唯一一種會用以物易物來換取自己想要的東西的動物。其他動物要不是靠武力奪取，就是靠偷竊獲得。在久遠以前的某一天，當人類第一次將一張虎皮拿去交換一串貝殼項鏈，而不是把戴著那串項鏈的人殺死，並拿走那件小飾品的時候——那一天，人類就變成了人，成為所有動物的主宰了。那一天，錢誕生了。任何東西，任何可以移動的財物，或者代表這種財物的東西，都可以是錢。

　　在世界歷史上，許多形形色色的東西都曾經充當過錢。鹽巴、棗核、橄欖油、大米，這些東西都曾經被當作錢使用過，就像我們使用黃金一樣。即使在今天，在中非的一些原始部落中，牛也被當作錢來使用。根據實際情況，一輛四輪馬車或一個妻子分別值兩頭牛或二十頭牛。在愛斯基摩人居住的地方，鐵製的釣魚鉤就是流通的貨幣。因為這種釣魚鉤如此稀少，一個人要是擁有四十個魚

鉤，那他就是富人了。

在所有的小說中，最廣為人知的人物可能就是「魯賓遜‧克盧梭」（Robinson Crusoe）了。幾乎每一個人，無論老少，都讀過這本書（編案：即《魯賓遜漂流記》），都領略了這位水手是多麼具有獨創才能。他隻身一人在那座孤島上，依靠自己發明的方法自謀生路，過著自給自足的生活。儘管他也會生病，也會衰老，也會連生活必需品都拿不動，但是他每天都有充足的糧食和棲身之所。

但是，很少有人知道「魯賓遜‧克盧梭之父」──丹尼爾‧笛福（Daniel DeFoe），也就是該小說的作者，除了講述這個著名的故事，同時還是儲蓄銀行的創始者。這件事情是這樣的：在十七世紀時，許多歐洲國家的人民怨聲載道、紛紛起義，犯罪行為頻發，勢態令人擔憂，而這些都應歸咎於人民大眾一無所有、身無分文的現實。他們沒有任何財產，因此他們也不可能儲存任何東西。在眾多想辦法解決問題的人之中，丹尼爾‧笛福堅信，如果人們有可能儲存並擁有一點財產的話，他們就會變成遵紀守法、自尊自重的好公民。於是，大約在一六八九年的時候，他制定了一個計畫，使得那些靠工資生活的人也能儲蓄一部分的收入，並把這筆錢用於投資。這個計畫取得了非常大的成功，在接下來的幾個世紀中，大量的金融機構如雨後春筍般出現。它們之中的大多數設在德國和瑞士，

後來在英國也出現了許多。

魯賓遜・克盧梭是一個很好的例子，他證明了，雖然有一些看似難以克服的困難，但是節儉和勤勉會幫助人們渡過難關。魯賓遜・克盧梭不得不準備食物和衣服等實物，以供將來使用。而我們現在只需要把錢存起來，以備未來之需，因為錢能讓我們的一生都過上舒適而豪華的生活。我們這個國家之所以能繁榮昌盛，最主要的原因在於丹尼爾・笛福的第二個成功——儲蓄銀行。事實上，儲蓄銀行就是一個為人們提供便利、帶來利潤的機構，讓人們把錢存放在安全可靠的地方，即使是少如1美元的存款額也能讓人從中獲得利息收益。

大多數人都擁有某一方面的才能。

大多數人都願意工作。

但是，一個人除非盡早開始存錢，否則可能一直工作到他的十指變得瘦骨嶙峋，而老年時依然窮困潦倒。

一位美國最富有的女人開創了她的事業。在這一點上，她展現出了與男人一樣的聰明才智和經營能力，也正是這些給她帶來了巨大的財富。有人問她為什麼要花費時間和精力，不辭辛苦、不怕麻煩地親自為家人採購東西時，她回答：「我要擁有自己的事業，是因為這樣我能讓自己存起來的每一美元都得到百分之百的回報。」如果有更多的人都像她那樣做的話，現在就不會有那麼多人整天

抱怨日子艱難，生活開銷太大了。

　　紐約有一位百萬富翁——他是一個鰥夫——住在一座造價高昂的房子裡，裡頭配備了精美的家具，還雇有許多僕人，但是他不能容忍浪費，哪怕是最小的浪費也不行。一天早上，管家給他送來咖啡，他端起咖啡壺，發現它特別沉。於是他召來管家，並讓她拿幾個空杯子過來。他把杯子一一擺在自己面前的桌上，然後倒出咖啡，最後發現能足足裝滿六個杯子。他指著杯子嚴厲地說：「你知道，我早餐只喝一杯咖啡，而你卻泡了六杯，這樣一來，那五杯咖啡全都浪費掉了。看到了吧！這種事情以後再也不要發生。」

　　資本，就是我們的收入和支出之間的差額。真正的經濟之道不在於完全消除開銷，而在於更加審慎地花錢，有明確目的地花錢，讓錢更進一步地發揮作用。

　　「自尊，比起饑餓、口渴和寒冷，將使我們付出更多代價。」

　　　　　　　　　　　　——傑弗遜（Thomas Jefferson）

　　「關於智慧和優秀人格的諺語都具有極高的價值，正如同金沙或鑽石亮光。」

　　　　　　　　　　　　——蒂洛森（Tillotson）

第53講
「鹿皮」的故事

> 「我認識的每個人都有雄心壯志，但只有極少數人付
> 諸實踐。」

「鹿皮」——這是在為期八年的美國獨立戰爭時期，
喬治·華盛頓在歐洲的稱號。這段時間裡，他鑄就了美國
這個國家的錚錚鐵骨。就連拿破崙，在他的個人榮耀登峰
造極之時，也都不無羨慕和欽佩地感歎：「華盛頓啊！他
的聲譽真是實至名歸！後代子孫們在談論起這位強大帝國
的開創者時，都會滿懷崇敬，而那時我的名字應該早在革
命的洪流中消逝不見了。」

「鹿皮」是一個鄉下孩子，出生在維吉尼亞州的一個
大農場裡。他在十歲時，失去了父親，面臨這個殘酷的現
實——他在這個世上的道路必須靠自己的努力和能力去開
創。從那個時候起，他就顯露出具有才幹的跡象。憑藉著
自身的才幹，華盛頓在隨後的幾年間，將美國的版圖搬到
了世界地圖之上。

在那個小小的鄉村學校時，他就把小夥伴們組織起

來，分成兩個對立的軍隊。他指揮其中一支軍隊，一個名叫威廉·巴斯特爾（William Bustle）的男孩則率領另一支軍隊。他們把玉米葉柄當作步槍，把葫蘆當作戰鼓來打仗。

隨著逐漸成長為一個青年，華盛頓非常喜歡那些最富陽剛氣息的運動。他能跑得像印第安人那樣既輕盈又迅速，也能投擲石塊越過拉帕漢諾克河直到弗雷德里克斯堡下游的渡口；在劍術方面，他更是無可匹敵。

當這個十歲的小男孩回應國家對他的召喚，承擔崇高的任務時，他開始鍛鍊自己的身體，與此同時，他也開始訓練自己的頭腦，堅持不懈地唸書。在繆斯（Adjutant Muse）副官的指導下，他學習軍隊管理的理論，並學習如何通過體能訓練。

在華盛頓二十歲以前，他從沒有見過一個擁有五千名居民的小鎮。一直以來，他都在母親的農場裡工作；後來，他成了一名土地測量員，進駐野生森林考察。在那裡，他學到了做為一名樵夫的全部知識和技能，使得他能夠在與印第安人長年的戰爭期間，游刃有餘地管理和運用他那英勇善戰卻又數量不足的軍隊。那時候，他要防禦的戰線長達三百六十英里，但通常可用於防禦的士兵大約只有七百人。

有一個著名的印第安人酋長，在負隅頑抗中被俘虜後

經常說：「華盛頓絕對不會被子彈打死，這似乎是他與生俱來的，因為我用我的來福槍不偏不倚地對著他開了十七槍，卻沒能將他射倒。」

華盛頓卓爾不凡的軍事策略知識、強健有力的體魄、陽剛十足的外表，以及豐富的常識，很快就吸引了公眾的注意。在他二十歲的時候，這個農村小夥子「鹿皮」，被任命為維吉尼亞州的民兵指揮官。他的年薪是 500 美元。對於為了賺到身為土地測量員的薪資，而忍受著在野生森林的冰天雪地之中睡覺的那個年輕人來說，這些錢真是一筆令他頭暈目眩的財富。他曾經說過，讓他覺得生活尚可忍耐的唯一事情就是想到每天都能賺到一個銀幣。他是一個節儉的年輕人，他會為自己用誠實勞動換來的收入感到由衷的高興。他不只是一個喜歡冒險的漫遊者，而且還是一個為了金錢、榮譽，或一些純粹的價值觀而努力奮鬥的人。

美國獨立戰爭的第一聲響雷讓殖民地震驚之時，班傑明·富蘭克林就宣布：「太陽已經落下去了，現在你們必須點亮工業和經濟的蠟燭。」而首先點亮經濟這支蠟燭的人正是陸軍總司令華盛頓將軍。自始至終，他分文不取，廉潔奉公，效勞於他的國家。在為時八年的戰爭時期，他的軍隊花費的公帑大約只有 6 萬 2,000 美元——這些都要歸功於他在年輕的時候就學會了如何有效而合理地節儉。

當美國軍隊被迫越過哈德遜河撤退到新澤西州，又越過特拉華河撤退到賓夕法尼亞州時，在那段黑暗陰鬱的日子裡，華盛頓手下的將領們都質疑：「我們到底還要繼續這樣退多久呢？」華盛頓回答說：「哎呀，閣下，如果我們不能做得更好，我們將會越過美國的每一條河流，翻過美國的每一座高山，直到我們找到機會東山再起，一舉贏得勝利。」

當獨立戰爭結束時，美國陸軍群情激憤、滿懷怨氣，因為美國國會不給他們發放軍餉，也不給他們提供食物和衣服。他們決定推翻國會，推選軍隊之中最受敬重的領袖喬治‧華盛頓成為美國的國王。一頂王冠就擺在這個男人面前，他知道自己一手造就了這個國家，而且也能以無人能及的能力領導這個國家，但是這個提議卻讓他感到惶恐。他將自己的部將們召集在一起，平息了這場躁動的反抗。他那番令人難以忘懷的話語就像軍號響起一般縈繞不絕：「我勇敢的同胞們！你們的努力創造了奇蹟，但是還有一個更大的奇蹟等著你們去實現。我們戰勝了敵人，這是我們的榮譽；現在，還有一個更大的榮譽，那就是戰勝自己。」

喬治‧華盛頓與維吉尼亞州一位富裕的遺孀結了婚，從此成為一大片廣闊土地的主人。但是，他從來沒有鬆懈對於所有開銷的密切關注，也沒有放棄在少年時期就養成

的節儉習慣。一位作家曾這樣描述他：「他在每一個可能的地方都力行節儉和經濟之道。他要求自己親自修建鵝棚、親自收割小麥、親自脫粒；他親自照料一匹跛了腿的馬、親自建造打鐵舖；他仔細記錄用磨臼碾碎一蒲式耳（編註：蒲式耳為英制重量單位）的玉米要多長時間。有些時候，他一整天都坐在家裡，考慮一些事情的各個層面；他親自整理自己的所有書籍……等。正如事實證明，對他來說沒有什麼事情大得過天；同樣的，也沒有任何有用的責任是微不足道的。」

「沒有什麼事物能如同貧窮這般增進一個人的才智，因此，許多偉人都曾經是貧窮的孩子。」

第54講
服務的價值

「要走向事業成功之路，就必定要遵循常識之路。雖然我們一直在說什麼『撞鴻運』之類的話，但是每個人一生中最大的成功並不是偶然到來的。」

有個人出生於一座遙遠的波羅的海小島上，最近在紐約市去世了。他是兩家豪華旅館的主人，據說其收入高達25萬美元。他獲得了成功，不是因為他比其他人聰明，也不是因為他的運氣比其他人好，而是因為他深知服務的價值。

在其他歷史較悠久的國家，人民們已經意識到必須為人效勞，但一般的美國商人及其員工卻沒有同樣的作為。員工對待工作的態度常常是漫不經心、漠然處之、怠忽職守；對他的老闆、對這個讓他付出時間和精力的企業缺乏忠誠。這就是為什麼他不能發揮自身價值的原因，也是他為什麼受到最微不足道的挑撥就會丟掉工作的原因。他沒有看到這一點——有朝一日這個公司有可能成為他自己的公司。他也沒有看到這一點——他是有可能從最底層的職

位爬上「老闆」這把交椅的。在他往上攀登的過程中，他所做的每一個努力都是為他自己做出的努力。最普通的小工廠也有可能是一所好學校，能培養勤勉和服務的意識。例如那個當年日工資只有2美元的起重機工人，日後成為伯利恒鋼鐵公司的總裁。

當查理斯·M·施瓦布買下伯利恒鋼鐵公司的時候，他認為對於一個企業來說，最好的組織是由人才組成的，因此應該大力培養為他工作的員工們的能力。他相信諸如此類的觀點：「我想知道重大的成就是不是一種習慣——一種不斷向外擴展至愈來愈寬廣的軌道上的習慣。」

正是為人效勞的意識，讓伯利恒鋼鐵公司的一百多位員工在胸前戴上了製針協會的鑽石十字勳章，這是對他們付出的服務和貢獻的一種認可和獎勵，也是這個世界上最高級、最華貴的勳章。不管是金錢財富，或是腦力智慧，還是家庭出身，甚至是「強拉硬扯」，都不能讓一個人的名字登在那個榮譽名冊上。唯有為人服務，為伯利恒鋼鐵公司效勞，才是得到這一殊榮的通行證。

在這些獲得鑽石十字勳章的人當中，有一個人剛開始是在鋼鐵廠裡當速記員，現在他已經成了副總裁。另外一個人是一名大學生，但他是從鍋爐房裡做起。第三個人則是先上完大學，然後開始在鋼鐵廠裡做勞力工作。從最底層的臨時工到大學畢業生（在這個過程中，他們不在意自

己的文憑學歷，都換上了工作服），正是他們付出的貢獻把自己提升到這個大型鋼鐵廠的管理階層職位上。而且這個大企業雇用了數千名員工，人數多到讓人覺得永遠都不可能從這一堆人中脫穎而出。

在你工作的地方，為人效勞能為你帶來些什麼呢？不管你是老闆，還是員工，為人效勞都會給你帶來一些夢寐以求卻從未實現過的回報。

改進吧！有一個故事說的是一個愛發牢騷的人，他抱怨說：「有多大的燈，就發多大光，我根據自己的情況盡我所能把工作做到最好了，誰也別指望我做更多的工作。」他的妻子說：「我不知道還有這回事啊！如果你用的是品質低劣的燈油，未經修剪的燈芯，加上一個早被薰黑的燈罩，我不認為這能成為你懶惰散漫、工作差勁的藉口。」

當你沒有盡力做到最好的時候，就不要因為受到「責罵」而抓狂；如果你沒有做到最好，那麼被貶抑時就不要抱怨不休。將這句話好好地收藏起來，然後一遍一遍地說給你自己聽：「那些優秀的人能博得眾人的讚揚，也能忍受眾人的非難。」

不要停止為人效勞，哪怕只有一分鐘。你的儀表、你的健康、你的習慣、你的平和心態、銀行裡的存款，打高爾夫球或棒球——所有這些事物都是服務的一部分，它們

會讓你在通往成功的階梯上向上攀爬。

「許多時候，一個人會因為鬆開雙手，並在上面吐了口水，而失去了在這個世上一個好的地位。」

——比林斯

如果你憂心忡忡，就無法提供好的服務。扼殺一個人及其工作的是憂慮，而不是工作。不要將你賺到的錢花得一乾二淨，把其中的一部分存起來；如此一來，你在夜裡就能睡得踏實。如果有意料之外的開銷突如其來地降臨，你的心臟也不會怦怦亂跳。

「年輕人，不要害怕偶爾犯了愚蠢的錯誤；
大部分的愚蠢錯誤都是因為誠實和真誠才犯下的。」

——比林斯

第55講
勿在自己身上亂花錢

「從梯子上滑落十呎比起攀上五呎要容易得多了，我至少在七年前就發現了這件事。」

——比林斯

一個男人或一個女人在一件東西上所花的錢多於它的價值，表明了他或她要不是缺乏社會經驗，就是缺乏生活常識。

比起有豐厚收入的人，懂得如何花錢的人更是持家好手。

那些富人們給這個國家的其他民眾上了許多堂課，教他們如何花錢，才能從每一美元、每一分鐘和每一份能量中得到百分之百的回報。

從美國中產階級的廚房裡扔出來的食物，足以養活半數的歐洲人。那些剩菜剩飯和過時落伍的衣物都扔給了拾荒者和舊衣販——這無異於漫不經心地把錢扔到馬路上。

奇怪的是，這些廢棄的東西大都是從那些沒什麼財產的人家後門扔出來的。這樣的浪費來自那些靠工資過日子

的人，他們是一些瞧不起小錢，不屑於「經濟之道」的男男女女；他們愚蠢地認為，浪費會讓他們看起來顯得很有錢。如果這些人熟識一個白手起家並獲得成功的百萬富翁的家庭，他們就會發現，在那個人的家裡，從一把煮熟的豌豆到一度電，每一樣東西都被認為是值得節省的。持家之道也適用於商業領域。同樣的商業規則能讓一個企業由虧損轉為盈利。

對於男人來說如何花錢，意味著如下這些：遠遠地站在一邊看著你的家，想一想，有什麼活兒是你自己可以做，而現在卻雇別人為你做的。這些事情可能是出於你的個人習慣，也可能出於你對自己身分地位的考慮。

如果有什麼新東西要買，不要按照你鄰居的品味去買。要買就買那些最能滿足你需要的、讓你感到舒適和方便的，而且花費最少的東西。要記住：鄰居們會建議你應該怎麼生活，應該買什麼東西，但是他們不是買單的人。

對於女人來說如何花錢，意味著如下這些：成為你廚房的「老闆娘」，要買那些經濟實惠的食物，而且要烹飪得當，如此一來，花最少的錢就能得到最豐富的營養。培養你的孩子自己去賺取每一分一毫的銅板，並親自給你自己做衣服、織帽子吧！只要你肯像嘗試學習打高爾夫、打橋牌或鉤針編織新圖案那樣努力地學習，你一定能做到。

學會生活的技巧──這是你人生中最重要的事情，然

而有許多女人認為料理家務的技巧是她們與生俱來的，就像鴨子生來就會游水一樣。

把料理家務當作一項事業來做吧——它是一項事業，就像經營一家大型的百貨公司一樣，需要相同的腦力智慧和管理能力，而且它會徑直地朝一個方向或另一個方向前進，不是繁榮興旺，就是衰落破產。

「沒有瘋狂購物的癖好，就是擁有一筆收入。」

我們國家最富有的一位成功人士在北卡羅來納州的一個小鎮去世了。生前，他勇敢地面對紐約未知的商業風險。他的年收入高達50萬美元，但是他一如既往地依靠幾百美元過日子，然後把剩下的錢全部返還到他的公司中。後來，他把公司賣掉，得到了750萬美元。他曾說：「當年輕人問及我是怎麼成功時，我告訴他們：『不要在自己身上亂花錢，除非你不再需要錢來擴展你的事業。只要願意付出代價，任何人都能獲得成功。』」

「生活就是一場戰爭，我們的敵人就是我們的惰性、自私、貪圖安逸和及時享樂。要戰勝這些敵人，需要有拚搏精神。當一個人放棄拚搏的時候，他就形同一具行屍走肉了。同樣的英勇會讓一個人在戰場上取得勝利，當它被運用到事業上的時候，也能讓一個人獲得成功。」

第56講
走自己的路

「有出息的人不會等到確定了才行動。一個能盡可能
地發揮最佳判斷力並且穩步向前的人,最終將會成
功。」

——佚名

如果有人想要找到一個公式,使得所有人只要套用公式就能成功,那麼他一定忘了這個世界上最強大的力量就是自然力。每個人都得找到大自然為他建造的道路,然後沿著這條路走下去。鼴鼠走的是一條路,是大自然專門為牠設計的路線;松鼠走的則是另一條路,他們不能沿著同一條道路往前走下去。但是,我們並不能因為鼴鼠不會爬樹,就認為牠是一個失敗者,松鼠也不能因為自己不會在地下行進,就垂頭喪氣地坐下來,悶悶不樂。你不可能讓輪船在乾涸的陸地上駛入任何港口;同樣的,試圖讓一個人走向另一個人輕鬆行進的道路,以獲得金錢和財富,也是愚蠢的想法。

動物有不同的種類,人類也有不同的種族。但是,人

並不總是依照自己的本能行事，而動物則一定會這麼做
——這就是為什麼會有那麼多的人失敗。當自然讓他們由
地下「到達目的地」時，總有一些人偏偏打算爬樹。

沒有誰生來就是失敗者。只有當一個人拒絕看清那條
正好在他右手邊的道路時；只有當一個人對自己的道路視
若無睹，還認為其他人的路更好時，他才會因此愈走愈
窄，並走向失敗。

有一個關於密西根州一位著名參議員的事例。他剛開
始做的是賣爆米花的生意，並以賣報紙為副業。後來，他
在一家律師事務所裡當打雜工。當他坐在門邊，時刻準備
著回答訪客們的問題時，也會抽時間研讀法律。到了二十
四歲的時候，他成功地躋身律師界。這就是他的路，而且
他找到了自己的路。他並沒有枯等「悠閒的工作」，而是
牢牢地抓住手邊的第一樣東西。然後，當他前進時，這條
路就呈現在他的面前了。

許多年前，有一個十歲的小男孩，在美國伊利諾州的
一個小火車站裡當差跑腿。他利用業餘時間研究電報按
鍵，直到十三歲的時候，他得到了一份工作，成為一名正
式的電報員。在三十八歲時，他當上了一個鐵路公司的總
裁。等到去世前，他已經是加拿大太平洋鐵路公司的總裁
了，擁有一套價值兩百萬美元的藝術品收藏，並被授予了
爵位，人們公認他是這個世界上最了不起的鐵路公司總

裁。他並沒有枯等「機會」到來，反而像鼴鼠一樣，從他所在的地方開始，不斷地向前挖通自己的道路。

最重要的事情就是著手去做──不管你面對的是什麼事情，一定要開始做點什麼。這個世界上最好的學校教育就是與人打交道。一個挨家挨戶推銷打蛋器的小夥子，抵得上四十個「等待別人開門」的年輕人。在早晨上學之前幫忙將藥局打掃得乾乾淨淨的孩子，正在學習如何做生意，認識金錢的作用和價值，並且漸漸懂得要在各行各業做生意都需要錢。他意識到任何人都可能很有錢。把你賺到的錢存起來，而不是把它們送到其他某個人的口袋裡，其實是一件很簡單的事情。

金錢就是潤滑油，能讓發動機運轉得輕鬆又迅速，而不是伴隨著吱吱嘎嘎的尖厲聲響，費力地運轉。

詹姆士・希爾（James J. Hill）的兒子，一開始在大北方鐵路公司的火車上擔任控制煞車的人員。因為他的工作表現十分出色，而被提拔為總工程師。當他提升到這個職位時，他的「上司們」才震驚地發現，原來他是西北部最有錢的「鐵路大王」的兒子。

康納利斯・范德畢爾特（Cornelius Vanderbilt）曾經當過火伕，而且這份工作一做就是兩年。後來，他發明了火箱，現在還被廣泛應用在大型機具上。他工作起來比大多數手拿煤鏟的同事們都要努力，並一直以自己是一名一

流且節儉的火伕而感到驕傲。

「在一個自由且正義的國家，資產會從無所事事又愚
蠢的人手中，流向勤勞、勇敢又堅忍不拔的人手
裡。」

———愛默生

第57講
勞動的力量

「有一種祈禱總會得到回應，那就是勞動者的祈禱。」

「有價值的人永遠不會被埋沒，如果一個人不能成功，那通常是他自己的過錯。」詹森博士（Dr.Sam Johnson）如是說。他的朋友很多，上至歐洲最舉足輕重的人物，下至倫敦碼頭的裱糊工。當他隻身一人來到倫敦時，身上只有一張紙幣，那就是他所有的財產。許多個夜晚，他都在倫敦的街頭遊蕩，因為沒有地方落腳。那時正是一七三〇年代早期。不過他的創作卻讓他成為那個時代文壇的一代盟主，一直到去世之時。他那睿智的思想也一代代流傳下來，直到我們手裡。

《魯賓遜漂流記》的作者是一名屠夫的兒子，大主教沃西（Cardinal Wolsey）的父親也是屠夫。

本仁（Bunyan），《天路歷程》（*Pilgrim's Progress*，道聲出版）一書的作者以前是一個補鍋匠。

李文斯頓（Dr. Livingston），非洲探險家，過去是一名織布工。

羅伯特・彭斯（Robert Burns），蘇格蘭詩人，曾經是一個按日計酬的臨時工。庫克（Cook）也是如此，後來他成了一名富有冒險精神的航海家，航行進入了當時未知的太平洋，此一壯舉被認為是十八世紀的一大奇蹟。

《拯救未來》（*The Spirit of 76*）一畫的創作者是一個油漆匠，他的名字叫阿奇博爾德・威拉德（Archibald M. Willard），是一個美國內戰的退伍士兵。他在藝術方面受到的教育都是自學得來的，同時他還接受過一個鄉村畫家幾個星期的指導。

湯瑪斯・愛迪生，曾經是一家鐵路公司的報童，還在火車站當過電報員。

詹姆斯・瓦特（James Watt），蒸汽機的發明者，從小生長在父親店舖裡的科學儀器之中。他身體虛弱，但一直堅持研究和設計蒸汽機模型；與此同時，他還得賺錢養家糊口。他製作、修理科學儀器和樂器、勘查道路、監管運河施工，總之，任何能夠合法地賺到先令（譯註：一九七一年以前的英國貨幣單位）的工作他都幹。經過數年的努力之後，他向全世界介紹他發明的蒸汽機，並這麼說：「先生們，我賣的是全世界人們都想擁有的——動力（譯註：power，這個單詞既有『動力』，又有『權力』的意思）。」

這些人會因為自己從數百萬人中脫穎而出感到自豪，但那些與他們處境相同的數百萬人卻從未做出必要的努

力，讓自己在這個世界上獲得更高的地位。就如同一位有名的大主教曾遇過的情況，當一位勳爵嘲弄他以前是個做蠟燭的工人時，他回敬道：「如果你出生在和我一樣的環境中，或許你到現在仍然只是個做蠟燭的工人。」

漢弗里・大衛爵士（Sir Humphrey Davy），是礦工安全燈的發明人。他曾經是一位鄉村藥劑師的學徒。在他變得富有且有名之後，他這麼評價自己：「我現在擁有的一切，都是自己努力得來的。我這麼說並沒有自負的虛誇，而是發自肺腑、真心誠意的話。」

勞動可以檢驗一個人。一個勤勞的人，一個為了麵包而努力工作、堅持存錢的人，會喚醒意識的力量，使他走向成功。

「不管你手中握有什麼，都要努力把它變成一件藝術品。」

節儉的行為，在富人之中比在窮人之中更加普遍。正是這個不爭的事實，才讓許多富人愈來愈富，讓許多窮人終其一生愈來愈窮。一個富有的人，尤其是一個很久以來一直都很富有的人，絕對不會因為被發現正在省錢而覺得羞愧。或許你每天的中餐比拉塞爾・塞奇的一頓午飯錢都還要多。

最近，一個有著數百萬美元家產的富翁，被發現在一間平價餐廳裡吃飯，坐在身邊的是他的一個職員。服務員把帳單並排放在一起，這位老闆瞟了一眼那兩張帳單，發現自己的帳單上是35美分，而他職員的帳單上是95美分。他只說了一句話：「如果我有你的好胃口，而你有我的錢，我們兩個很快就會破產。但是，霍力斯，若到了那時候，我恐怕你是奢侈了一點吧。」

奢侈的生活會帶來憂愁和貧窮，而謹慎和勤勉會帶來幸福和富裕。你自己選擇吧！

「節儉並不是羞恥之事，節約一點的生活要比奢侈度日好多了。」

　　　　　　　　　　　　　　　　　　　——愛默生

第58講

通往富裕和幸福的道路

「數以百計的人如果不是先認識了『浪費』，可能永遠
不會知道何謂『貧困』。」

—— 司布真

當我們引用許多名人在勤儉節約和經濟之道方面的名
言，其用意並不是指這些人就一定比其他人聰明。但是像
愛默生、詹森和司布真這些人，他們懂得如何表達思想，
並讓它適用於每個人和每種情形。在這些人之中，或許有
些人自己並沒有過節儉的生活，但他們懂得並且能夠指出
通往富裕和幸福的道路。

不管是在賺很多錢時，或是在賺很少錢時，我們都要
同樣努力地將特定的一部分收入儲存起來。當所有人賺的
錢都很多，使得所有東西的花費都很高時，一個人為了存
下個人收入的四分之一，或即使只是十分之一，而付出的
努力，與他在錢賺得少的時候，存下相同比例收入而付出
的努力一樣了不起。

要累積足夠的錢財，讓我們在晚年或遇到困難的時

候，依然能過上真正獨立、祥和而舒適的生活，唯一的辦法就是在生活中力行經濟之道。司布真——我們在文首引用了他的名言——一直活到了一八九二年。如果他能再多活一年，他就會知道他在那個當下說的話有多麼準確，竟然一語成讖。在一八九三年，有數以百計乃至數以千計的人因為他們在一八九二年「結識」了浪費，而與貧困「結緣」。

一八九二年，有史以來我們享有的最偉大的繁榮時代終結了。而一八九三年，見證了我們有史以來經歷過的最艱難困苦的年代。為了在這個世界上得到一個職位，我們經常要花費數年的時間來培養自己。在這個職位上，我們賺錢，然後等錢一賺到手，就莫名其妙、無緣無故地把它花掉。要賺錢，通常需要細心的準備和努力的工作，但是花錢則需要更加慎重的考慮和計畫。在這個高工資、高物價和錢多的時代，生活開銷確實很高。但是我們自己的生活開銷卻是可以在很大程度上自主決定的。塞內卡曾經說過：「我們不依據理智之光來生活，而是追隨他人設定的方式來生活。」

大多數富人之所以會變得富有，是因為他們懂得理性明智地消費和精打細算地生活，只有一小部分的人是透過遺產繼承或投機炒作而變得富有。富人之所以變富，是因為——「富人們都很節儉」。

最近，一些報紙登載報導說，在戰爭期間，我們這個國家最富有的「包裝業大王」一直克制自己，不買新衣服。雖然這位獨特的「包裝業大王」擁有的錢大多來自遺產繼承，但是他透過精心地管理和合理地生活，大大增加了父親留給他的財富；他的父親是六個孩子中的一個。一八五一年，他離開了紐約州的農場，到了加利福尼亞州；其中的大部分路途都是徒步完成的，這段旅程花了他六個月的時間。在加利福尼亞的時候，他在一個砂金礦坑裡工作，存了一些錢。五年後，他去了密爾瓦基市，在一家生產企業工作。芝加哥大火那一年（一八七一年），他開辦了一家包裝公司，後來把它打造成世界上最大的一家包裝企業。這個男人當初背井離鄉，是因為家裡的農場養不起六個孩子。他離家到外面的世界闖蕩的時候，身上帶的錢還不足以到一家豪華飯店裡吃一頓晚餐。在創辦了一所高等學府、捐贈了禮物和不計其數的慈善款之後，當他六十九歲去世時，他還留下了好幾百萬的財產。我認識的一個男孩曾經問他是如何獲得成功的，他說：「誠實守信、勤奮努力、勤儉節約，如此就能成功。」

第59講
何謂資本家

「我常常希望自己每年有600英鎊的淨收入；有一棟富麗堂皇的房子，可以用來招待朋友；有一條清澈的河流，在我花園的盡頭。」

——史維夫特

最近有一個蘇格蘭人，他在海上擁有好幾艘輪船，用來運載鋼材和石材。他的事業做得很大，也很成功，這是因為他知道如何挑選能夠幫助他的人。

拿破崙曾經說過：「我是從泥濘中訓練出我的將領們。」這個蘇格蘭人沒有這麼說，但他是這麼做的。他確實是從為他工作的人裡面培養出他的「將領們」，其中的大部分人都是從最舉無輕重和最微不足道的工作開始幹起的。

這些人的能力是經由與極富能力的人合作漸漸發展而來的。有一個人，現在是這間鋼鐵企業一家分公司的最高執行長，他剛來這家公司工作時，只是一名起重機駕駛員，每天掙2美元的工資。這個起重機駕駛員留心觀察他

的工頭，注意管理者的行事方式，密切關注總經理，並且在任何可能的時候注意這個大人物的言行舉止。直到後來他自己也成了一個大人物。

在他工作並觀察大人物如何工作的同時，他以他們為榜樣——效仿——於是，他看到了責任，並且主動承擔起責任。

學到了上司們的處事習慣之後，很快地他就發現自己也成了上司。當他成為這個大企業中的一分子時，他的心態經歷了巨大的變化，他的想法也轉向了更大的事業。過去他是一個工人，現在，他是一名資本家。

資本家和勞動工人之間的區別在於：一個是賺多少就花多少，而且從不努力以求上進，而另一個則把他收入的一部分存下來，並且每天都儲備和增加他所從事的行業知識。

據估計，我們這個國家有兩萬兩千名百萬富翁。他們之中至少有一萬七千人以前是憑藉自己的雙手致富的——現在，他們則是靠自己的頭腦和金錢來掙錢。

成為資本家後，那些誠懇、執著的人賺錢就會容易得多。可惜的是，許多勞動工人永遠也成不了資本家。

所有具資格的人都可以參加這場賽跑。

而所謂的「資格」就是誠實、堅定、願意互諒互讓。

這場賽跑的大獎，不是百萬美元，而是個人的獨立。

如果一個人擁有健康、工作、想要成為某某人物或有所成就的願望，那麼，跑道就會為他開放。

　　資本家，只不過是在支付目前的開銷之後，還特別留意從收入中省下點兒什麼的人。

　　「我們都能感同身受，並且像孩子一樣，看到什麼就想要什麼。但是，當一個人發現自己真正的才幹，並減少不必要的物品開銷時，他就朝著經濟獨立邁進了一大步。」

第60講
未雨綢繆

「今天沒有做好準備的人，明天將會準備得更少。」

——奧維德

　　一連好幾年，天天都是豔陽高照，如果建議要帶把傘，可能會顯得非常愚蠢。但是，在商場上，一連好幾年都是陽光普照之後，設想我們可能會遇到雨天——商場上的雨天，並不是沒有道理的。這場雨可能只是一場雷陣雨，也有可能是一場激烈的暴風雨。一個明智的人會把他的雨傘、雨鞋和雨衣放在身邊。

　　這種話並不是在說教人們應該省錢，或者反對花錢。這麼說只是給人們一個建議，用一種簡單的方法，為可能到來的不景氣時期做準備；或者更好地準備利用大好時機，使其能延續下去。

　　芝加哥有一戶人家，在那兒居住了四十二年。他們一直打算變賣儲藏室和閣樓裡存放的東西，直到最近變得十分確定。在隨後的變賣中，被處理掉的東西有：兩對黃銅製的壁爐柴架、兩個破損的青銅花架、一個黃銅製的雨傘

架、兩個銅製的洗滌用鍋爐、四塊銅製的洗衣板、一套胡桃木的長沙發、兩個胡桃木的梳粧檯、兩個胡桃木的床架、一個絞衣機、九副玻璃畫框、兩個大理石桌面、七磅壓扁了的舊銀器、一百四十本舊書、兩百碼長的布魯塞爾地毯、五副舊門簾，還有一些舊衣服和廢品。這些東西變賣後，主人淨得利潤841美元。這個家庭曾經相當富有，但是對今天的他們來說，841美元也意味著很大一筆錢。他們一直都很節儉，從不損壞東西，這就是他們能夠積存下這些廢品的原因。

或許在你我的家裡找不出價值841美元的廢品，但是我們認為，這個小鎮上幾乎所有人家裡肯定都會有價值20到40美元的廢品。如果現在每個家庭都給家裡來一個大掃除，並把所有沒用的東西都變賣成現金，肯定會有一筆相當可觀的錢。

「現在從小事做起，未來就會有大事降臨於你，並等著你去完成。」

——波斯諺語

第61講

博比的故事

「聚沙成塔。」

——羅伯特・彭斯（Robert Burns）

我們都知道，博比・彭斯（Bobby Burns）不僅僅是蘇格蘭最偉大的詩人，他還是有史以來最提倡節儉的一位導師。雖然蘇格蘭人的勤儉節約經常成為別人嘲笑的話題，但是它做為一堂實物教學課對世人依然卓有成效。在蘇格蘭，浪費被看作是一種很嚴重的罪孽；在美國，我們最嚴重、最該受到譴責的罪孽也是浪費。已經有充分事實證明，每個美國家庭浪費掉的東西都足以保證另一個人吃好、穿好、住好。若真是如此，隨著浪費的不斷產生，我們就浪費掉了將近四分之一的物質財富。

博比・彭斯所宣揚的一些經濟之道遭到了人們的嘲笑，其中包括他那個時代的人以及他那個國家的人。每當別人責罵他節省下來的都是一些微不足道的東西時——那些東西在我們這個時代可能是一根火柴、一枚大頭針、一顆鈕扣，或一小塊銅皮，他總是會回敬那些吹毛求疵的人

說：「積少可以成多。」如果博比‧彭斯能夠活到今天，並親眼目睹了我們浪費的食物、衣服、各式各樣的材料，乃至金錢本身，我們相信他一定會震驚得一句話都說不出來。

銀行，今天我們都熟知它們，然而在彭斯那個時代，尤其在他的國家，仍非常少見。但是，有一個和彭斯同名的人生活在他之後的年代裡，而且他依然活在我們之中，就活在這兒。這個「博比」‧彭斯，以那位偉大的蘇格蘭人的名字來命名的人，根據他的要求，我們省略了他的姓氏。在他很年輕的時候，他就學會了欣賞並欽佩這位卓爾不凡的男人的哲學思想。而這個人的名字也被當作一項遺產得以流傳下來。

在那個四月的早晨，當他第一次睜開藍色的雙眼看到這個世界的時候，他的家人經過一番商議，決定應該以羅伯特‧彭斯的名字來為他命名。我們並不確定，他的父母親是否早就預料到這個名字會對他的人生產生巨大的影響。在他小時候上學時，他就開始一連花數個小時閱讀那位傑出先人的詩作。很快地，他的家人就開始對他累積財富的方式大感驚訝。

在他的家裡，把東西擺在一旁並直接丟掉的現象經常發生。博比‧彭斯發現，他的父親在修建穀倉的時候，剩下了許多磚塊和短木材。他把這些材料搜集起來，創造了

一筆馬上就能擁有的財富。他真正的第一課就是在這個過程中學到的，這些材料如果不用的話，它們最終的歸宿或許就是進入火爐。於是，他利用這些材料修建了八個堅固而迷人的小狗屋，並以一個4美元的價格賣掉。更確切地說，他以每個狗屋4美元的價錢賣出去了其中七個，隨後他的父親以25美元的價格買下了第八個狗屋，作為對於他的節儉和獨創性的獎勵。

如此一來，他有了53美元，扣掉其中的3美元——博比・彭斯將這3美元送給了他的小妹妹，讓她存進了她的「小銀行」裡。在五十多年前，他用那剩下的50美元在新英格蘭的一家銀行開了一個帳戶。雖然博比住在離新英格蘭很遠的地方，但是他最初的這個銀行帳號從來沒有被註銷過，而且除了一個帳號之外，他的帳號現在是那家銀行機構所持有的最老的帳號。

博比有八個兄弟姐妹，他在家裡的「小銀行」總是他的兄弟姐妹們說笑的話題。但是，對於博比來說，這絕對不是一個笑話。每當他的兄弟姐妹們大笑著把硬幣投進那個小小的「木狗屋銀行」（這是聽從父親的建議，按照他當初設計的狗屋樣式製作出來的）的時候，博比總是會非常認真而誠摯地看看他們，然後看看裡面，感謝每一個人幫助他積累將來的財富。

當博比第一次利用課餘時間到外面做第一份真正的工

作時，他還不滿九歲。這第一份工作是因為一個農夫把自己的手指碾傷了，他的工作就是每天早晨和傍晚跑半英里的路到這位鄰居家，給六頭乳牛擠牛奶，每擠一頭乳牛可得5美分。每天賺回來的60美分幾乎全都找到了它們的歸宿──進入博比的「木狗屋銀行」。每隔一兩個月，當他的父親到小鎮上去的時候，就會幫他把這些錢存到銀行裡去賺利息。後來，他把一部分錢從銀行裡取出來，投資購買了新英格蘭小鎮上的一家水利公司的債券。

幾年後，當水利公司倒閉時，人們發現博比擁有這家公司的大多數債券。在重組過程中，博比成了這家水利公司的所有者，而且到今天他依然是這家公司的所有者。他現在還擁有許多水利工廠、一些電光廠，而且他手中持有的公營事業公司的債券和股份也很多，多得足以讓他在從新英格蘭到墨西哥灣一路上的許多團體中成為一個有頭有臉的人物。

透過博比自己說過的話，以及他最親近的親戚和最密切的朋友所給予的證實，我們可以得知博比真的從來沒有做過任何了不起的事情。他個人賺錢的能力絕對不算優秀，而且他也從來沒有做過任何特別幸運的投機生意。他的父親一直都是學無所成，因此，他最初的投資並沒有得到他父親的指導，而是依靠他當年存進50美元的那家小銀行行長的指引。

第62講
實踐節省的好習慣

「昨天浪費掉的錢，既不能給今天帶來快樂，也不能帶來滿足。」

約翰‧大衛森‧洛克斐勒（John D. Rockefeller）的故事告訴我們，存錢能對成功致富產生多大的影響。在洛克斐勒還是個小男孩的時候，錢在這個家裡是最稀有的東西，總是一賺到手就被花掉。約翰八歲左右的時候，他的媽媽給了他幾隻小火雞。他特別細心、充滿耐心地飼養這些火雞。後來，他以一個很好的價錢把它們都賣掉了。他把這一筆銷售額記在有生以來的第一個帳本上面，他將那個帳本稱為「A號帳本」。

有多少個八歲的小男孩有自己的帳本，並在上面記帳，列出他們賺到的每一小筆收入和他們花掉的每一分錢呢？寥寥無幾吧。這就是為什麼世上沒有幾個人能成為洛克斐勒的原因。

每當我們想到一個有錢人時，都會自然而然地把他想成一個奢侈浪費的人，他們用的東西甚至會讓中等經濟狀

況的人感到頗受刺激，因為必須省吃儉用才能得到。對於那些依靠自己努力奮鬥而成功的百萬富翁來說，這種印象是不正確的。他之所以能積聚起財富，是因為他知道節約的價值，並且在日常生活中每一個最微小的細節中力行節約。

據說，在哈里曼（E. H. Harriman）成為美國鐵路大王之後，每天早上在辦公室打開信件時，他總是會把用於固定所有紙張的金屬夾子取下來，然後把空白的頁面撕下來，把它們疊好放在一旁，留著以後用來寫備忘錄。一位前來拜訪他的人說起他的這個習慣時，這位擁有數百萬財富的人回答：「不在任何小事上節約，誰都負擔不起。只有窮人才會浪費。」

依靠自己努力奮鬥而成功的百萬富翁藉由節省每一分錢，積聚起了財富，這每一分錢正是他們財富的基礎。那些揮霍浪費者就會問：「為什麼一個富有的人在他成了百萬富翁以後還要繼續節約呢？」

習慣——因為習慣使他們禁不住要這麼做。好習慣和壞習慣一樣，都難以戒除，而這也是他們為什麼能保持百萬富翁的身分不變的原因。不管是在家裡還是在事業上，他們都一如既往地繼續踐行節省的好習慣並審慎地花錢。正是這兩點形成了他們與鄙視節約者之間的區別，那些人空空如也的錢包證明了這一點。

哈里曼利用自己在紐約山上的廣闊地產，賺取利潤，同時還置辦了一處郊區住宅。他和他的家人擁有並經營一個乳品場，每天都賣出大量的牛奶和奶油。這項生意很實際地被組織起來，並且以富有遠見的方式進行管理，正如這位優秀金融家的特質。對他來說，這個乳品場就是一項事業，是對他的土地和牛隻自然而然且顯而易見的利用。他擁有乳牛及廣大一片的富饒牧場；他還種植穀物，擁有乾草；他得為自己的家人、為這片遼闊土地上的員工們提供牛奶和奶油。常識和準確的商業判斷力都要求他把這個乳品場經營成一個適合普通人消費的企業——一項能賺錢而不是花錢的事業。這個富裕的男人不允許浪費任何東西，因為他深知，要想變得富有，唯一的辦法就是讓你的收入持續不斷地多於你的支出，而且要從你花掉的每一美元中得到百分之百的回報。

「不要等待機會——把握每天發生的每一件稀鬆平常的事情，並將它們轉化成機會。」

「一個勇敢的人會奮鬥開創自己的前途，而且每個人都是他自己工作的兒子。」

　　　　　　　　　　　　　——賽凡提斯（Cervantes）

第63講
省錢不難

「昂首面向前方，挺直你的脊樑，面對這個世界吧。」

不管男人還是女人，都不是蝴蝶，不能一味地享受在陽光下的舒適與溫暖；然而，我們卻不曾未雨綢繆地準備必定到來的冬天。有些人一賺到錢，轉手就把它花掉；但是，如果說他們的智力只等同於蝴蝶的智力發展水準，他們又覺得受到了莫大的侮辱。一個人每月收入200美元，但是在發工資第二天就將錢花得乾乾淨淨，他肯定會和一個每天只賺1.5美元且有著相同行徑的人一樣，只能過著勉強糊口的生活。

有些夫婦從來都不考慮自己的將來，也不考慮把收入的一部分存起來，更不考慮犧牲個人的娛樂消遣和奢侈生活，他們缺乏商業天性，而只有商業天性才會給人帶來舒適的生活與平和的心境。

「省錢太難了」，這是我們經常聽到從那些不善理財的人嘴裡發出來的抱怨。不管是男人還是女人，只要有聰明的商業頭腦，就不會認為省錢是件難事。首先，他們知

道，存錢勝過做事情，那些只因為其他人都在做的事。最後，他們總是會為一些特定的目的而存錢，有可能是買房子，也有可能是進行一項投資，以增加他們的收入。

一些年輕的夫婦發現，「改進家務管理」是一種很好的方法，可以讓他們萬無一失地省下不少錢。他們的計畫是這樣的：一開始，他們為了買一個擺放在起居室裡的沙發開始省錢。等到存夠買沙發的那筆錢時，他們決定還不如再多存一點錢，買一架鋼琴。當他們的錢足夠買一架鋼琴的時候，他們又把錢存進銀行，並商量決定再等一等，就可以買一輛便宜的小汽車了。當這筆錢準備好的時候，他們說：「再多等一段時間，我們就可以先付一部分錢買下大街上其中一棟漂亮的平房了。」

於是，他們都同意這樣——每當丈夫的工資增加時，他們就會隨之增加存錢的金額，而不是用來提高他們的生活水準。自兩人結婚至今，他們最大的孩子也才剛進入高中而已，不算很久的時間，但是他們現在已經擁有了自己的房子，同時還有另外兩處房產，可以給他們帶來一筆可觀的租金收入。丈夫現在已經成為公司裡的一個合夥人；然而，當他和妻子開始「改進家務管理」計畫的時候，他還只是一個每週領取 18 美元薪水的職員。

從今以後，從你的工資、薪水或收入（隨便你稱呼它為什麼）中拿出第一筆錢存進銀行裡，讓自己能過著收支

平衡的生活。如果這些錢都是你辛苦賺來的，你以後就要靠它生活了。

美國最富有的人約翰‧大衛森‧洛克斐勒，他買得起一百輛私人轎車，可以四處旅行兜風；但是，他使用的只是火車臥鋪中的私人車廂。他認為自己沒有必要花費數千美元，僅僅為了炫耀，或者為了按照不那麼節儉也不那麼富有的華爾街人士的派頭行事。

紐約市一位有名的商業鉅子，他思想獨立，也有做領導者的天分。不盲從其他人的習慣，他每天都乘坐有軌電車到市中心去上班。有一天，他在百貨公司前看到他下屬的一位部門經理從私家車裡鑽出來，他說：「如果我能只坐有軌電車，你也可以。為什麼不多為你自己想想，少在乎別人會怎麼想你呢？把開車的那筆錢省下來吧！」但是，那位部門經理認為自己還得炫耀作秀。最後，他丟掉了工作，並在貧困中死去。而那位認為坐有軌電車上班並不會有損尊嚴的男人，在死後還留下了數百萬的財產。

「在這個國家裡，很少有錢被花在那些人們真的想要的東西上；然而，上億的金錢卻被浪費在那些人們不一定想要，只是因為別人擁有，或者在某間商店看到的東西上。」

——阿特伍德（Albert Atwood）

第64講
節約的意義

「節約，就是保證你的錢始終是自己的，而不是把錢散發給那些和你的錢一樣多甚至比你的錢還多的人。」

——佚名

節約，既不意味著小氣，也不意味著將就敷衍和苛刻壓榨，同時更不意味著犧牲良好的儀表、自尊自重或舒適的生活。在理智地省錢和「吝嗇鬼」之間隔著一道寬得不可逾越的鴻溝。

節約，意味的不僅僅是存錢——它還意味著花錢。

它意味著持家有道。

它意味著充分地利用時間、金錢、精力和其他任何東西，盡可能使之產生最好的利益。

它意味著讓你花掉的每一分錢都能帶來百分之百的回報。

它意味著讓你吃下去的每一磅麵粉都能帶來最大限度的營養。

它意味著在從你的童年時代到進入墳墓的這段人生裡，讓每個小時都有六十分鐘被真正用於工作、學習、娛樂或休息。

節約，意味著以前你習慣花錢請別人幫你幹的一些活兒，現在要試著自己幹。對於一個男人來說，節約意味著自己刮鬍子、自己擦皮鞋；對於一個女人來說，節約意味著合理搭配膳食，親自烹飪，花最少的錢得到最多的營養和最能勾起食慾的美味。節約還意味著教育孩子明白浪費金錢是內心虛弱和頭腦愚蠢的顯著標誌。

節約意味著把料理家務當作一項事業來做，這項事業和經營一家生產企業同樣重要，同樣需要聰明的頭腦。生產商會花時間去思考、去計畫，在他事業中的哪些地方可以節省一分一厘的開銷。但是，在經營能力和追求效益方面，頭腦機敏和眼光銳利的主婦也能與最精明的商人相媲美。她們已經意識到，如果節儉持家，花費4美元就能帶來舒適、美好的生活和極大的改善；如果漫不經心地處理或者鋪張浪費，同樣的效果可能要花費5美元才能實現。

聰明的女人會告訴你，勤儉持家會給料理家務帶來興致盎然的熱情和興趣，且絲毫不亞於男人在事業中找到的熱情和興趣。她們還會告訴你，勤儉持家會驅逐單調重複，一個女人在料理家庭事務的過程中如果僅用雙手和雙腳，而不用腦子，就會感受到單調重複。她們還會告訴

你，她們現在就開始明智地省錢，如此一來，在需要錢或者機會到來的時候，她們就能方便地拿出錢來。到了那個時候，要花的錢會比現在更多，到來的機會也會比現在更好。

有一種很普遍的誤解，人們都認為百萬富翁會允許他的兒子想什麼時候花錢就什麼時候花錢，想花在什麼地方就花在什麼地方。事實上，美國大多數百萬富翁都會根據「自力更生」的原則，嚴格地要求和培養他們的孩子。

據說，鐵路大亨范德比爾特在他活著的時候讓他的十三個孩子自食其力，雖然他死的時候擁有一筆大約1億美元的財產。二兒子威廉，後來成了繼承人。但他曾經在一家銀行工作，是一個小職員，每個星期只有16美元的薪水，並且靠著那點薪水結婚成家。在那之後，他努力奮鬥了二十年，把一塊偏僻的農場經營起來，並且他最終也獲得了成功。但是，他從來沒有從他的父親那兒得到任何幫助。老范德比爾特敏銳地觀察著自己的兒子所遇到的種種困難，以及他堅定執著的努力，其實這位看似最嚴厲苛刻的父親是在培養繼承人吃苦耐勞的精神和經濟頭腦。他深知，這兩樣對他的兒子將來管理自己的巨額財產有多麼必要！

這段漫長而艱苦的訓練證明了它是有益處的，因為後來這位靠著自己的努力打拚了二十年的男人，在大約七年

時間內就讓他的父親留下來的 1 億美元增加到了 2 億美元。老范德比爾特給兒子上了重要的一課，他對此非常感激。且又繼續在一所同樣嚴厲苛刻的「學校」裡，培養自己的兩個孩子。康納利斯・范德比爾特開始工作的時候是在一家銀行做小職員，除了自己的薪水之外沒有任何財力支援，而他的弟弟做的則是圖書管理員的工作。

有錢的人，都是那些肯花心思管理金錢的人。只有窮人才漫不經心、鋪張浪費，也正是他們為什麼是窮人的原因。

> 「這個時代，我們需要兩樣東西：第一，讓富人們知道窮人們是怎麼生活的；第二，讓窮人們知道富人們是如何工作的。」
>
> ——阿特金森（E. Atkinson）

第65講
會賺不如會省

「學會在你的收入範圍之內生活。有一天，你可能不得不在沒有收入的情況下生活。」

任何人都會賺錢，但是如今的訣竅在於省錢。

不管是男人還是女人，處於中等經濟情況中的每個人都有可能正在省錢，或在很久以前就已經計畫這麼做了。但是，很多人都自然而然地將真正開始省錢的計畫推遲到「明天」。因為人們總覺得今天有太多誘惑的東西或者必須要做的事情。每個人都指望著「不久以後」會擁有更多的收入，然後打算到時候再省錢，但是等到更多收入到手的時候，生活的開銷也會隨之增加，而且你已經習慣了享樂和奢侈品，這會消耗掉你增加的那部分收入。

許多男人和女人在兩年前就曾打算著，等他們一賺到更多的錢就開始存錢。今天，他們賺的錢比以前要多得多，但是他們存的錢並不比兩年前存的多一分。讀到這一行話的許多人都知道，從自己的經歷看來，事實正是如此，對於每個人來說，當他們回首往事的時候，都會意識

到，現在開始省錢並不比過去容易一絲半毫，雖然那個時候他們一個星期的收入只有區區幾美元而已。

更加豐厚的收入，往往會成為一種誘惑，讓人想過一種更高消費水準的生活方式。中等經濟狀況的家庭看起來溫馨舒適、令人愉悅，此時這家主人可能一個星期只掙幾美元。但是，當他的工資翻倍的時候，這種溫馨舒適和愉悅愜意就會立即消逝。

一般美國人的本能反應就是想住大房子，想穿好衣服，想享受快樂，想保住自己的習慣，所有這些都是為了炫耀，卻遠遠地超出了他的實際收入。他的口袋裡就只有那麼多錢，但是他給他的朋友和鄰居們的印象卻是他賺的薪資有那些錢的兩倍那麼多。接下來為了保持他給別人留下的這種印象，他就必須持續不斷地瘋狂工作。

「活著的時候，就讓我們活個痛快。」是這一代眾多美國男女的口號，也正是我們討論的要點。

「活著的時候，就讓我們活個痛快。」——幾乎是我們這個國家所有貧窮和不幸的原因。有些男人或女人不知道一周接著一周增加自己的收入和存款有多大的樂趣。他們錯失了原本可以體驗到的那種最快樂、最刺激，也是經常存在的樂趣。對於那些從來沒有看到自己的銀行帳戶隨著每星期增長（哪怕只有 10 美元）的人來說，這番話聽起來有些誇大其詞。在他沒有更加充分地瞭解這些話之

前，有這樣的想法也是無可厚非的。在滿足一個人花錢愛好的過程中，固然存在著樂趣，但若是一個人抑制住他與生俱來愛好花錢的衝動，並且定期存錢的話，他就會發現自己在存錢中體驗到的樂趣是在花錢中體驗到的樂趣的兩倍。

羅伯特・路易士・史蒂文森（Robert Louis Stevenson）用短短的七個字濃縮了獲得財富的祕密：「賺得少，花得更少。」

非常簡單，不是嗎？

有些人沒有累積夠多的錢，以備自己在年邁、多病或遭遇不幸的時候可以照顧自己，是因為他們認為省錢、存錢是這個世界上最簡單的事情。事實上，省錢、存錢比賺錢需要更多的理智和判斷力。

> 「『不要』僅為了糊口度日而工作，讓你每個星期的工作都有盈餘；在你支付完所有的開銷後，讓你的收入還能留下點什麼。」

有一個著名的鐵路巨頭的兒子，每個夏天他都會在學校放假期間出去打工。有一個夏天，他的工作是給火車頭添加燃料；還有一個夏天，他加入勘探小組，成為其中的一員。因此，當他獲得巨大的鐵路公司董事會董事長這一

職位時，他已經對自己即將管理的業務瞭若指掌了。他也非常瞭解貨運火車上火伕們的生活，如果有一天財產長著翅膀飛走了，他得完全依靠自己的勞動和努力生活的話，他也可以做一名優秀的火伕，並以此維生。

「運氣往往青睞最優秀的球隊，基於同樣的原則，勤奮的人看起來總是很幸運。」

──豪依（Ed. Howe）

第66講
捐贈也需要智慧

「財富是世界上最受人尊敬的東西，而且它擁有最強
大的力量。」

—— 尤里庇得斯

　　富有的人支出的錢財還不到他們收入的一半，而且大
多數富有的人支出的錢財甚至很可能還不到他們收入的三
分之一。對於一個擁有十萬美元以上收入的人來說，依靠
這筆收入的一半，甚至三分之一來生活，似乎是一件非常
容易的事情。對於我們當中一些年收入只有 1,000 乃至
5,000 美元的人來說，每年花掉 3 萬美元，聽起來是一個不
小的數字。但是，一個人如果有 100 萬美元的收入，花 3
萬美元所買的東西，絕不會是大多數人在賺到他們的第一
個 100 萬時打算要買的東西。

　　百萬富翁們幾乎總會得到一些窮親戚或潦倒朋友們的
讚美和頌揚，而且他還會成為各種募款的對象，比如為了
慈善和公益等方面的事情。人們總是指望那些富有的人，
尤其是那些擁有數百萬資產的人，慷慨地捐助每一個公共

活動、每一個慈善單位和每一個社區活動，從七月四日美國獨立紀念日到幼稚園在公園裡舉行的五一勞動節活動。大多數富有的人也確實都捐助過這些活動，否則諸如此類的活動也就不可能舉行了。正是這些有錢人進行的巨額捐助，才為所有的公共慶典活動、所有大型的慈善團體提供了重要的資金支持。

但是，做為一個富有的人，甚至擁有100萬美元，也並不一定能保證他在晚年過著舒適而富足的生活，享有平安祥和。在賺到錢之後，還有一種情況與錢息息相關——賺錢已經夠難的了，但是要留住錢就是難上加難。知道如何花錢，是一門精妙的藝術，而知道應該在什麼地方捐錢，則需要最審慎、縝密的思量。富有的人應該捐贈，我們所有人也都應該偶爾為某些事情獻一點綿薄之力。慈善的重點不在於捐贈多少，甚至對於最小的錢包也會有所要求。事實上，如果按照捐贈的錢所占財產的比例來算的話，窮人們捐贈慈善事業的時候比那些更富有的人來得更慷慨。

因此，如果我們希望自己能變得有錢，我們就應該培養自己對慈善事業和投資項目的判斷力和辨別力。我們就應該學會捐助我們能夠負擔得起的東西，不要超過這個能力；我們就應該學會根據情況，這個多捐助一點，那個少捐助一些；我們就應該學會在有可能帶來最大效益的地方

展開捐助行動。

　　一個擁有巨額財富且熱衷慈善事業的人，在他自身的事業走下坡時，若還以直接捐贈禮物和捐贈基金的形式捐助學校、醫院、貧困家庭和各式各樣的慈善團體，那就是在剝奪自己的財產。等他活到比自己料想的還要大一些的年紀時，就會發現自己在晚年幾乎成了接受慈善捐助的對象了。他是一個有博愛之心的人，也是一個慷慨的捐助者，但他算不上一個明智的人，也不是一個審慎的捐助者。如果他在布施善行、開展捐贈的時候，能更明智一點，再多運用一些判斷力的話，他就應該先通過信託公司或年金保險投資單位的安排，確保自己和妻子永遠不會陷於貧窮。

　　所以，你明白了吧？並不是擁有財富就萬事大吉了。我們不僅要學會如何花錢購買我們需要的東西和應該擁有的東西，還要小心謹慎地捐贈我們的錢財，不要超越自己的能力範圍，最後把自己捐贈到一窮二白的境地。如果我們不想被人稱為守財奴的話，我們也應該盡自己所能，捐贈大量財物，這樣做也是為了不幸的朋友和鄰居們能夠腳踏實地，踏上經濟獨立的大道。

　　不明智的捐助，還不如不捐助。因此，在捐贈救濟物，或者為公益活動或慈善組織捐款的過程中，不管你是將一個1毛錢的硬幣放在街角盲人乞丐的手心裡，還是捐

款 1,000 美元為一位老人建一棟房子，都要加以審慎地考慮。如果在捐贈禮物和錢財的時候，每個人都能運用自己的頭腦、判斷力和常識，那麼捐贈到慈善團體中過半數的錢財就不會被浪費掉。

> 「對於吝嗇的人來說，一點點就足夠了；對於不吝嗇的人來說，無論多少都不足夠；然而節儉能使一個窮人變富。」
>
> ——塞內卡

第67講
量入為出的生活

「一個人絕不應該把將三分之二以上的收入用於日常
生活開銷，因為額外的花費肯定會消耗掉另外三分之
一的收入。」

——愛默生

　　當我們遵循愛默生的建議，量入為出地生活，把我們
的日常開銷控制在收入的三分之二以內，那麼我們就能平
衡這一比例，不會把我們賺到的錢如數花光。額外的開銷
和意料之外的花費肯定會「消耗掉我們另外三分之一的收
入」。一個人知道量入為出地生活，是值得稱讚的；但是
妥善地管理自己的事務，依靠少於所得的錢來生活，使得
在年底時還能有所節餘，這才是令人嚮往的。

　　許多書籍教人如何推銷產品，還有一些書籍是關於如
何賺錢。但是關於如何花錢的書籍組成的圖書館，就像口
袋辭典裡的字彙一樣數量有限。一個人花錢購買自己需要
的東西和想要的東西，在很大程度上似乎都是碰巧發生
的。我們看到了某件東西，很想要，於是就把它買下來。

有時候，這件東西對我們很有用，但大多數時候，買這件東西只是一項愚蠢的花費。

有些人把花錢視為一項很重要的事業，並且在每花1美元的時候，都會像他們在賺1美元時那樣，付出同樣多的思量、努力和考慮——他們就是一定會變得富有的人。

我們每賺到1美元，其中一大部分就得花掉，有可能是用於購買必需品和一些想要的東西。剩下的那一小部分，我們可能會用來買奢侈品，或者可能用來滿足自然的慾望，也有可能成為累積起來的一部分財產。在將來某個時刻，當我們賺錢的能力急轉直下的時候，這些儲蓄能為我們提供舒適、平靜而安逸的生活，保證我們的經濟獨立。

一張10美元的鈔票在一個人手中保存二十年，如果他能安享天年，活到一百歲，則到了這個人生命的最後一年，可能就會值30美元，甚至更多。因為用那10美元進行投資，會變成30美元，甚至很有可能會高達50美元，因此這筆錢在晚年花用起來會更加令人愉悅。我們今天所購買的奢侈品，應該值它所花費的價錢，再加上這筆錢在我們自然壽命剩餘部分中所產生的利息。如果這件奢侈品不值這麼多錢的話，就不應該買。

外出旅行或者度假花費的100美元，如果存到現在，可能價值好幾百美元，甚至幾千美元了，而且還能為個人

帶來未來的幸福和安康。今天，我們為自己和家人購買一些奢侈品，也是合情合理的。但前提是只能買那些合乎我們的身分地位，並能得到充分享受的奢侈品；而不買那些只是給我們一個機會去炫耀，而且還無助於增加幸福或平和心境的奢侈品。

在購買生活必需品時，需要審慎的思考和準確的判斷力。但是選擇生活奢侈品的過程，才是真正考驗一個人管理金錢能力的時刻。有一些錢看似浪費在生活必需品上面，但其實我們花在所謂的奢侈品上的錢才大多是被完全浪費掉的，這樣的花費本來就不該有。

在選擇購買純粹為了享樂的用品時，如果能花多一點心思，多做一點研究，多運用一點常識，就有可能大大地增加我們目前的財富，而且增長的比例幾乎令人難以置信。

幾乎每個人都有自己長久以來特別想要，或者夢寐以求的某件東西，而且想擁有那件東西的慾望幾乎會變成一種妄想。但在得到滿足之前，這件東西的實際價值或我們對它的渴望可能已經消逝了。當我們最終得到這件東西的時候，它提供的價值就微乎其微了，或者不會帶來任何樂趣，而且會有一種強烈的悵然若失之感。我們長久以來一直想擁有一件東西，當我們最終有能力購買它的時候，應該停下來認真地想一想，現在是否還有其他的東西，擁有

它，會給我們帶來更大的樂趣呢？

　　會賺錢的人就有權利花錢，而且要把錢花在會給自己、親近自己的人，以及依靠自己的人帶來最大益處的地方。這只是關乎理智的問題，要明智地花錢，並盡可能地讓花掉的那筆錢產生回報。當我們學會了讓 1 美元發揮 2 美元的作用時，我們比過去富裕兩倍，就比過去幸福兩倍。如果我們學會了讓 4 美元發揮 5 美元的作用，我們就會獲得更多的財富和滿足感。如果我們在花這 4 美元的時候能夠像賺這 4 美元的時候一樣，深思熟慮，就能讓現有的或以後會得到的每一個 4 美元都發揮 5 美元的作用。

第68講
謹慎投資

「一個人藉由運用他的才能，以及與自然調和的思想，將是生來就註定富有的人，或至少是必然會變得富有的人。財富是一項需要高度智慧的生產，所有參與者都必須擁有冷靜、正確的論據、敏捷和耐心。」

——愛默生

　　手中握有金錢是一種責任；把錢用在能夠發揮最大效益的地方，則需要準確的判斷力。許多人在事業的早期階段努力地工作、規畫、存錢，直到四十歲或五十歲的時候，他們要不是很富有，也至少步入了小康；然而，等到他們六十歲或七十歲的時候，卻發現自己幾乎成了可憐的乞丐。

　　我們大多數人都能回想起在熟人之中有某個人，他在幾年前還很富有，現在卻每天都要辛苦地工作，賺取購買生活必需品所需的錢財。的確有些時候，糟糕的運氣會以無法避免的疾病或災難等形式出現，把人們已經積聚起來的財富一掃而光，但是這樣的情況畢竟少之又少。

更加普遍的情況是，因為過高的生活消費，或者因為判斷失誤而進行的投資，使得財產被白白浪費掉；而後者更是年輕時生活富足，卻在年老時候陷入貧窮的最普遍原因。許多人在四十歲時還很富裕，到了六十歲卻陷入貧窮，答案幾乎無一例外的是——投資不善。有些人看來對於自己持有那些華而不實、毫無價值的股票而倍感驕傲，還有一些人則因為買下了一位所謂的「好朋友」兜售的債券——即使價值可疑——而潸然淚下。在這兩種情形中，我們只應該給予這些不幸的投資者一點小小的同情。因為他們在用自己辛苦賺來的錢財投資時，並沒有充分運用自己的常識和判斷力，而這些都是上天賜予每個人的，而且是每個人都擁有的，但是他們卻缺乏好好利用它們的機智。

在第一次世界大戰期間，好幾千人以前從來沒有把錢用於投資任何種類的證券，卻購買了許多政府債券。幾乎在戰爭剛結束的時候，他們就把那些債券賣給了那些想一夜致富的投機客，以獲取一些股票，只因為那些騙子承諾說不論如何都能保證他們每年得到25%到100%的股息。

每座城市的金融區都林立著財力雄厚的銀行和可以信賴的投資公司。透過這些銀行和投資公司，任何人都可以購買有實際價值且穩定的擔保品、有價證券等。然而，手中有點閒錢可用於投資的時候，大多數人都會找某個萍水

相逢的熟人，也許他正好在推銷某個投資活動，能讓每個投資者都「成為百萬富翁」。把錢進行安全投資的路徑有成千上萬，其中的風險要素幾乎都可以被消除，而且其中遭受損失的可能性僅僅在於意料之外的競爭，或者在方法上有突如其來的變革，抑或是出現了新的發明和發現。毫無風險的投資是不可能的，但是在實力雄厚的企業中，遭受損失的可能性微乎其微，幾乎小到可以忽略不計。

本書的宗旨並不在於明確地指出具體的投資項目，但是，沒有經驗的人要用盈餘的錢進行投資時，應該諮詢一下那些有良好聲譽的銀行家或債券經紀人，並遵循他們的建議，這麼做會給你帶來好處。許多重要的雜誌、期刊和報紙都設有投資專欄，藉由調查研究，你可以從中發現一些穩當的投資項目，並且為潛在的投資者提供這種服務，在大多數情況下都是不收費的，而且不存在偏見。如果你諮詢了富有良好聲譽的銀行家或債券經紀人，或者參考了出版物上的建議，出於投資錯誤而遭受損失的情況就不太可能發生。當這種現象成為慣例時，那些瞞天過海的操盤手就會消遁無形，因為他們靠著目前這份詐欺、不正當的職業無法維生。

偶爾會出現這種情況——從親戚或朋友那兒得知的一個投資項目看似非常合乎心意，此時就這件事情請教一下銀行家，聽取他的判斷，對我們依然是有百益而無一害。

這些買過價值幾百萬，甚至上千萬美元的債券、股票、抵押品、票據和有價證券的人，更有可能對任何投資提出相當正確的見解。就像一個訓練有素的鑽石專家，能夠立即覺察到寶石中的瑕疵，打造出一個完美無缺的刻花珍寶。

在你考慮進行一項投資的時候，即使花一點錢，確保你打算投資的東西有實際價值，也是有必要的。如此一來，你投進去的錢才不會損失，而且知道你的錢是安全的、有保障的，也會使你的心境平和。進行投資是沒有討價還價的餘地，因為房產、債券、股票、票據、鑽石、東方地毯、圖畫，以及所有適合投資的東西，都有它們的實際價值。此外，它們的價值通常定位得十分精確，因此投資失誤的風險幾乎可以忽略不計。

要找到一個合適的投資標的，並不是很難，不論你要投入的金額是10美元也好，還是數百萬美元也罷。即使是手中只有幾美元的人，也能進行最穩當的投資；他手中的那點錢甚至可以用來購買美國財政部發行的政府公債。在一些聯邦註冊銀行、州立銀行、信託公司或儲蓄銀行裡，一些存款證明或儲蓄存摺上只有5美元，有時候甚至只有1美元的存款。現今，有一些最為穩妥的債券，其面值低至100美元，有的甚至只有50美元。如今，財富之路已經在大多數中等收入的人面前展開了，再也沒有人說在美國只有有錢人才能輕易取得和利用良好的投資機會。

賺錢，是我們首要的事情；花錢，需要精明的頭腦和準確的判斷。但是，把剩餘的錢用於投資，是積累財富的大好機會。因此，對於這件事，我們往後應該給予更多的關注，不能有絲毫的馬虎。讓自己變得更富裕，獲得權力和力量，這是一個男人應該承擔的責任和義務。只要他能夠以誠實的勞動來實現這一點，並且公正地對待他人。因為文明需要財富，沒有財富，文明就不復存在。

> 「牧師和媒體常常指責人們對於財富的渴望，但如果人們聽從這些道義者的言論，不再試圖追求財富，他們又會不顧一切地激起人們對於權力的熱愛，以免文明因此無法實現。」
>
> ——愛默生

第69講
引言的價值

「智者的智慧和長者的經驗可能就藏在引言中。」

——迪斯雷利（Disraeli）

在把長者們積累金錢和財富方面的經驗傳至二十世紀的過程中，有必要引用各個時代偉人們說過的話，正如沃森（Wasson）所說的：「我只是重新搜集並整理了前人的資料而已。」蒙田（Montaigne）也曾經說過：「我引用別人的話，只是為了更好地表達我自己。」

總的說來，我們可能低估了引言的價值。引用那些早已作古的偉人們說過的話，我們就能讓別人更好地理解有益的思想。如果我們能花時間好好分析一下，這類分析就會讓我們明白一句諺語：「太陽底下無新事」，幾乎所有的事情都可以被引用。

「我們引用，是因為有必要引用、愛好引用、高興引用。我們不僅引用書籍和諺語，也引用藝術、科學、宗教、風俗，以及法律。不僅如此，我們還透過仿造

引用廟宇、房屋、桌子和椅子。」

——愛默生

　　愛默生是十九世紀早期偉大的哲學家，他的思想和觀點一代一代地流傳下來，讓人們深思和吸收。即使他那產生過許多獨創思想的偉大頭腦已經足夠開通，也不得不承認「我們最好的思想源自他人」，他還寫過一句話：「足以和一個好句子的創作者相比的，是第一個引用它的人。」

　　塞內卡曾經說過：「在我們沒有充分地瞭解一件事情之前，重複多少遍都不算多。」在今日的時代，人們的生活壓力太大、節奏太快，他們沒能開個好頭，沒有很好地將前人對於如何過得更好、過得更加愉快的精華思想加以收集整理。而這些思想會讓他們從人群中脫穎而出，並把他們置於一個受人尊重、令人羨慕的位置上。

　　在我們之中，能成為百萬富翁的人屈指可數，有可能躋身富人之列的人數也非常有限。但是，如果我們有決心、夠堅定，執著於一個目標，我們每一個人都會比現在更加富有，在金錢方面更富有，在精神方面更富有，在構成一個人的每個層面都會更富有。我們能用同樣的精力，同時既積累財富又塑造人格。但是以丟失人格為前提而獲得的財富會迅速飛逝而過，不會長久地保留在我們身邊。

那些藉由誠實勞動和努力創造財富的人，應該謹記：「財富並不在於擁有大量財物，而在於擁有很少的慾望。一個人富裕與否並不在於擁有多少財物，而在於他的慾望有多少。」以及「收入愈豐厚，量入為出地生活就愈難。」這兩句話。

在你變得富有的時候，還要記住：那些能夠同時既富有又偉大的人，是那些去世後還能對世界產生巨大影響的人！

「一個人的命運是由他自己的雙手鑄造而成的。」

——培根